L'ALCHIMISTE DES CŒURS

ISBN : 978-2-9562473-0-2

Copyright © 2018, Cherif Tidiane AIDARA

Tous droits réservés

CHERIF TIDIANE AIDARA

L'ALCHIMISTE DES CŒURS

Un guide pour changer positivement sa vie et celle des autres !

Autoédition

*À mes parents **Cherif Moussa AIDARA** et **Sarakh DIOP** qui ont été pour moi de véritables Alchimistes des Cœurs. Puisse Dieu les récompenser et faire demeurer leurs enseignements jusqu'à la fin des temps. Merci beaucoup du fond du cœur. Je vous AIME !*

« Si un homme, pour une raison ou pour une autre, a la chance de vivre une existence extraordinaire, il n'a aucun droit d'en garder le secret pour lui-même. »

Jacques Ives COUSTEAU

« Vous n'êtes pas ici simplement pour gagner votre vie. Vous êtes ici afin de permettre au monde de vivre plus pleinement, avec une plus grande vision, avec un sentiment d'espoir et de réussite. Vous êtes ici pour enrichir le monde et vous vous appauvrissez vous-même si vous oubliez votre mission. »

Woodrow WILSON

TABLE DES MATIÈRES

REMERCIEMENTS 13

AVANT-PROPOS 15

PREFACE 17

Chapitre Un :   Une vie axée sur la recherche de plaisir 19

Chapitre Deux :   Rencontre avec un personnage mystérieux 23

Chapitre Trois :   Premières leçons avec le vieux 39

Chapitre Quatre : Rencontre au champ 97

Chapitre Cinq :   Rencontre au cimetière 147

Chapitre Six :   Rencontre avec des jeunes 177

<u>REMERCIEMENTS</u>

La liste des personnes à qui je dois témoigner ma gratitude est très longue. J M Laurence avait raison de dire : « *L'importance, ce n'est pas ce que l'on a dans la vie, **c'est qui on a**.* » Je remercie le Seigneur Très-Haut de m'avoir entouré de bonnes personnes, de personnes inspirantes, de personnes qui me font grandir et me poussent à donner le meilleur de moi-même à chaque instant.

Je voudrais tout d'abord remercier mon épouse et toute ma famille d'avoir su créer l'environnement me permettant de me consacrer à l'écriture et de laisser libre cours à ma créativité et de ne jamais cesser de m'encourager. Merci à vous pour votre soutien moral, émotionnel, physique, financier, spirituel et surtout pour votre compréhension. Merci pour votre indulgence pour les longues heures de travail, les longs moments de solitude, les loisirs et weekend sacrifiés.

Je remercie aussi mes Oncles, Tantes, cousins et cousines pour tout ce qu'ils ont fait pour moi depuis toujours. Je vous suis très reconnaissant.

Je remercie aussi *Tonton Aminou DIOP*, qui a bien voulu m'honorer en acceptant de préfacer ce livre et d'apporter ses corrections et suggestions. Je vous témoigne ma sincère gratitude.

Je remercie du fond du cœur aussi mon conseiller de longue date, *Moussa SECK* qui a bien voulu revoir tout le livre et pour m'avoir apporté d'excellents conseils, comme toujours. Merci aussi à mon professeur de français *Monsieur Yaya AGNE*, qui a bien accepté de corriger ce livre dans le fond comme la forme, malgré son manque de temps. Merci beaucoup Monsieur, vous êtes le prof de français qui m'a le plus marqué, je me rappelle toujours les « *Désormais, je ne ferai …* » que vous aviez l'habitude de nous donner, juste pour nous former, je vois clairement les résultats aujourd'hui.

Mes sincères remerciements aussi à toutes les personnes qui ont pris la peine d'apporter leurs contributions et corrections pour rendre ce livre parfait, particulièrement *Ousmane NDIAYE, Annette SOW, Babacar NDIAYE, Ndeye Bineta KEITA, Baba NGOM, Abdoulaye DIOP* et *El Hadj SOCK*.

Que Dieu fasse de vous de véritables *Alchimistes des Cœurs*.

AVANT-PROPOS

Ce livre que vous êtes en train de lire est le résultat de plusieurs années d'observation, de recherches, d'apprentissage et de pratique. Il a pour but de vous aider à améliorer votre vie et celle de votre entourage dans toutes les sphères.

En mettant en pratique les outils, les techniques et tactiques simples, développés dans ce livre, vous ferez l'expérience de résultats surprenants dans votre vie personnelle, professionnelle, sociale et spirituelle. Il vous apprendra à mettre beaucoup *plus de vie dans votre vie*.

Les enseignements sont donnés sous la forme d'une histoire pour mieux faciliter son assimilation. Les deux personnages principaux n'ont jamais existé. Néanmoins, les techniques développées sont bien réelles, testées plusieurs fois et qui ont produit des résultats. Préparez-vous à un voyage excitant. N'oubliez pas qu'aussi puissant puisse être un secret qu'on vous donne, si vous ne l'utilisez pas, il ne vous servira à rien. Mettez en pratique ces techniques et vous verrez par vous-même.

Dans ce monde rempli de distractions, ce livre vous servira de corde solide à laquelle vous agripper pour aller de l'avant et rester sur ce qui est le plus important.

Je vous souhaite de devenir un véritable *Alchimiste des Cœurs* et de former autour de vous d'autres *Alchimistes des Cœurs* ; le monde en a vraiment besoin. J'espère que ce livre sera un vrai catalyseur de changement pour vous. Offrez-le à vos amis, aux membres de votre famille ou bien même à un inconnu, il peut changer efficacement leur vie. Parlez des techniques à d'autres personnes.

Vous pouvez lire le livre d'un seul trait, mais il vous est possible aussi de le prendre par gorgée pour mieux le savourer et bien le digérer, pour aussi mettre en pratique aussitôt que vous aurez appris les principes.

Avec tous mes vœux de réussite et de bonheur infini pour vous.

PREFACE

C'est une véritable gageure que de tenter de présenter un ouvrage aussi innovant que celui de *Chérif Tidiane Aidara, ingénieur électricien de formation* mais *Alchimiste des Cœurs* par sa descente dans le milieu barricadé du catéchisme religieux islamique. *L'Alchimiste des Cœurs* qui est justement le titre de cet ouvrage, fait suite à la « *Boussole de la Réussite* », son premier livre qui préfigurait déjà les comestibles et digestes pages que le lecteur pourra déguster ad libitum.

Chérif – par atavisme – nous plonge dans le monde ésotérique de la gnose islamique pour nous y faire ressortir métamorphosés, épanouis et solidaires, armés in fine, d'un sens aigu du partage et de l'amour. Le tout sur écho d'un chœur qui bât à l'unisson.

Tout a commencé un certain jour, à l'aube. Marqué par une rencontre fortuite (?) entre un jeune homme, Abdou Gueye, riche mais qui n'avait pas une vie riche - et une vieille personne - le Maître - Et tout finit par une autre rencontre, mais cette fois-ci entre jeunes. Des jeunes « *new-look* » acquis à la cause de l'humain et du divin, orientés vers la solidarité et le partage. Entre ces deux séquences, le Maître, dans ses habits de Commandeur de bord, apprivoise le vaisseau du savoir qui, tel un brise-glace fend et fonce sur un océan de démesure. Par le truchement d'une pédagogie *SIMPLE* et des *PROCEDES* adéquats, le Maître anonyme fait découvrir au fils et au disciple *l'ISLAM*, la Terre promise où germent et se fructifient les messages de paix dont le porte-étendard est le prophète de la Miséricorde, MOUHAMAD (PSL). Celui-ci, qui est le prototype de l'homme parfait nous enseigne qu'il faut surprendre le genre vivant par le bien et plaire de facto à DIEU, le Seigneur. Alors, nous revient cette apostrophe du Maître à Abdou : « *Jeune homme, crains ton Seigneur et va l'adorer ; la mort peut survenir à tout instant* ». Et le Maître de poursuivre : « *Je vais t'aider à changer complètement de vie, à purifier ton cœur, à connaître ton Seigneur, à l'adorer à sa juste valeur... je vais t'enseigner ta religion, t'aider à retrouver le droit chemin, à devenir un Musulman digne de ce nom, aider les autres à faire de même.* »

La pédagogie servie tranche d'avec le prêche traditionnel, protégé dans les daaras et les bibliothèques inaccessibles où règne l'hermétique. Or, de façon plus ou moins avouée, de beaux esprits, des oustaz (…) ne pourront se résoudre à l'éclatement superbe des connaissances, à la libre circulation des idées salvatrices, jaloux qu'ils sont de leur… juteux fonds de commerce.

Le livre de Chérif, un véritable vade me cum à verser dans le corpus des œuvres d'enseignement. Il s'adresse en particulier à la jeunesse tumultueuse, turbulente et impatiente mais réceptive parce qu'immaculée et qui, n'ayant pas reçu une initiation religieuse, désire à l'instar de Abdou Gueye, s'ouvrir à tout ce qui peut lui faire acquérir une existence apaisée dans laquelle elle travaillera comme si elle ne devait jamais disparaitre – *le champ* – et adorera DIEU comme si elle devait mourir demain – *le cimetière* – Cette adoration dépasse le culte qui devient non point une technique commerciale qui permettrait d'acheter SA faveur, mais un comportement, une manière de vivre en parfaite adéquation avec son environnement. C'est tout le sens du fameux verset coranique où le même DIEU - parce que l'UNIQUE – proclame qu'IL n'a créé les djinns et les humains rien que pour L'adorer. L'adorer, c'est LUI plaire et le seul moyen de LUI plaire, c'est de mener une vie juste en s'armant de la SALÂTOU ALA NABY, la Prière sur le Prophète MOUHAMAD (PSL) sublimée entre autres saints par le Cheikh Abou Abdillâh Mouhamad ben Soulaymâne Al Jazouli dans son panégyrique Dalâil Al- Khayrât (*Les voies de la félicité*) et le Cheikh Ahmadou Bamba dans son chef d'œuvre Jasboul Khoulôb Li Allamyl Khouyôb (*L'attirance des cœurs vers le Connaisseur des mystères*).

L'ALCHIMISTE DES CŒURS, un livre à consommer sans modération.

AMINOU DIOP
Ingénieur des travaux d'élevage à la retraite

Chapitre Un :
Une vie axée sur la recherche de plaisir

Je m'appelle Abdou GUEYE, j'ai trente ans aujourd'hui et j'ai une vie équilibrée et intéressante. Mais cela n'a pas toujours été le cas. Je vais vous raconter les évènements marquants qui ont complètement changé ma vie.

Il y a cinq ans, j'avais fait la rencontre d'un vieux, une rencontre des plus inattendues qui a entièrement modifié le cours de mon existence. Maintenant que j'y pense, c'est la meilleure chose qui me soit arrivée de toute ma vie. À ce moment-là, j'étais jeune et très aisé financièrement. Je sortais fraîchement de l'une des plus appréciées écoles d'ingénieurs du pays et j'avais un boulot de rêve. Je travaillais dans une multinationale et gagnais bien ma vie, même si je ne me plaisais pas trop à mon travail. Mais c'était bien payé et c'est ce qui m'intéressait le plus. *J'étais riche, mais je n'avais pas une vie riche.* J'avais une belle voiture, toute neuve, que j'utilisais pour montrer ma réussite et draguer les filles. En somme, j'avais tout ce dont pouvait rêver un jeune homme de mon âge. Je n'avais qu'une seule grande sœur et elle vivait avec son mari. Mes parents, que Dieu les accueille au Paradis, étaient morts depuis deux ans. Donc, j'étais seul dans ma maison et j'avais une grande liberté, il n'y avait personne pour me contrôler ou me donner des ordres. Je faisais tout ce qui me plaisait.

Je passais la plupart de mes nuits en boîte, même si je devais travailler le lendemain, et des fois même, je terminais la soirée à la maison avec plusieurs filles toutes excitées. J'étais vraiment perdu et n'avais aucune retenue. Mon seul but dans la vie à cette époque était la recherche excessive du plaisir. J'étais partant pour tout ce

CHAPITRE UN

qui pouvait me procurer du plaisir, aussi minime soit-il, et à vrai dire j'étais très doué pour dénicher les bons coins. Il faut se l'avouer, c'est avec de l'argent qu'on peut s'offrir tous les plaisirs du monde.

Je me croyais le plus fort, le plus puissant, quelqu'un d'éternel et capable de tout. Je suivais à la lettre tout ce qui était à la mode et j'aimais aussi faire partie des meilleurs parmi les meilleurs.

Je ne me rappelais plus la dernière fois que j'avais prié ou même jeûné correctement. À vrai dire, je ne savais même pas faire correctement mes ablutions. Parfois, je me forçais à jeûner pour quelques jours durant le mois de Ramadan car j'avais honte de manger devant mes collègues puisqu'ils jeûnaient tous. J'étais très fatigué ces jours-là, la cigarette me manquait trop. Eh oui ! Je fumais aussi. Je pouvais fumer un paquet et demi par jour ; même des fois, lorsque j'avais trop de pression, je pouvais finir deux paquets et demi. Je savais que ce n'était pas bien de fumer, mais bon, je me disais qu'il fallait bien mourir de quelque chose. Et moi, comme un inconscient, j'avais choisi les femmes et la cigarette comme ce qui pourrait être à l'origine de ma mort. Je sais que j'ai beaucoup contribué à diminuer mon espérance de vie car j'ai entendu dire que *chaque cigarette fumée diminue de onze minutes l'espérance de vie et que fumer un paquet de cigarettes équivaut à réduire la vie de trois heures quarante minutes en moyenne.* Je le regrette amèrement aujourd'hui.

Je dois rappeler qu'en ces moments-là, j'avais délibérément ignoré l'existence de Dieu, Je considérais tous ces gens qui organisaient des manifestations religieuses comme des farceurs qui perdaient leurs temps et qui dérangeaient par la même occasion. Je n'étais pas conscient que ce fût moi-même qui perdais mon temps dans des futilités.

Je me rappelle que, étant jeune, mes parents m'avaient inscrit dans des écoles coraniques à plusieurs reprises pour apprendre les enseignements de base de la religion. Mais, à chaque fois, je faisais tout pour quitter, même s'il fallait faire des dégâts. La plus longue durée dans une école était d'une semaine. En y repensant aujourd'hui, je regrette sincèrement de n'avoir pas consacré cette période à l'apprentissage parce que j'en avais largement le temps. Maintenant, avec la maturité et conscient de tous les avantages, j'essaie d'apprendre alors que le temps me fait défaut et ma mémoire n'est plus aussi bonne.

Pour ce qui était de mes relations avec les filles, c'était un vrai jeu, rien de sérieux. J'étais un vrai enfant dans un corps d'adulte, un grand coureur de jupons et un très grand tricheur. Je ne sais pas combien de cœurs j'avais brisé. J'espère que les séquelles émotionnelles laissées à ces filles ont fini par disparaître avec le temps. J'ai honte de moi, très honte.

J'utilisais toutes les astuces pour berner les filles, les mettre en confiance afin de leur faire baisser leur garde pour assouvir mes besoins. Et après, je les laissais comme des chiffons déjà utilisés. J'étais capable de faire croire à une fille que la terre était carrée et cette dernière tenait cela pour du vrai, tellement je savais m'y prendre en pensant à tout et sachant répondre à toutes les éventuelles questions susceptibles de me coincer dans mon élan. Pour faire croire à mes manigances, j'étais obligé parfois d'user de doses sentimentales. Ainsi, tout est plus facile, *car les femmes n'attendent qu'une chose ou du moins l'être humain n'attend qu'une chose surtout la gent féminine, se sentir aimée, adorée, être indispensable à la vie de quelqu'un pour vivre pleinement et être heureux.*

Je vivais de la sorte jusqu'au jour où je fis une rencontre des plus inattendues, qui a changé ma vie à cent quatre-vingts degrés (180°), et, définitivement. Parfois, il m'arrive de me demander ce que j'avais fait pour mériter cette chance, mais je n'ai toujours pas trouvé de réponse. Peut-être, est-ce une faveur que Dieu m'a

CHAPITRE UN

accordée ? Quelques jours après cette rencontre, je me donnais des claques des fois, ou me pinçais le corps pour voir si je n'étais pas en train de faire un rêve. Mais c'était réel, vraiment réel. Je me suis alors juré de transférer le maximum possible la sagesse acquise après cette rencontre, raison pour laquelle je vous écris ces mots.

Chapitre Deux :
Rencontre avec un personnage mystérieux

Il était cinq heures du matin, un dimanche, je venais encore de terminer une soirée en boîte avec des amis. La soirée était excellente, avec beaucoup d'énergie dépensée à danser et à charmer les filles. Je me sentais exténué et voulais juste à ce moment-là être transporté jusque dans mon lit pour avoir une belle journée de sommeil et de repos dominical. Je n'avais même pas un sou avec moi pour prendre un taxi. Et pourtant, j'avais en poche cinq cent mille francs en partant à la soirée. N'ayant pas d'autre solution, ma voiture étant chez le mécanicien, j'utilisais alors mes pieds pour rentrer. D'une part, j'étais content de moi car j'avais réussi à draguer beaucoup de filles aussi belles les unes que les autres, dont la plupart étaient attirées par mon argent. Mais d'autre part, j'étais très en colère du fait de ne pas avoir eu l'intelligence de garder au moins cinq cents francs pour me payer le taxi et m'éviter cette déconvenue.

En cours de route, j'avais rencontré un vieillard, adossé à un arbre à côté du trottoir. Je me disais silencieusement : « *voilà encore un de ces mendiants qui fatiguent les gens d'habitude en demandant de l'argent. Pourquoi ne pas aller lui voler ce qu'il a sur lui pour prendre un taxi ?* » Mais arrivé à quelques mètres de lui, il se tourna vers moi et commençait à me regarder droit dans les yeux. Il avait un regard perçant et profond, un regard qui me faisait vraiment peur. Je me suis dit alors qu'il était mieux de continuer ma route et de ne pas me mêler avec ce personnage qui avait l'air mystérieux : « *est-ce un simple mendiant ?* », me

CHAPITRE DEUX

demandais-je silencieusement. Je décidai alors de continuer mon chemin. Arrivé juste à la hauteur du vieillard, j'entendis des paroles venant de lui avec une puissance surhumaine qui disaient : *« Jeune homme, crains ton Seigneur et va l'adorer ! La mort peut survenir à tout instant. »*

Certainement, j'étais quelqu'un de pervers et très luxurieux ; un jeune perdu, qui faisait fi de toutes les valeurs morales. Aucun péché n'était assez grand à mes yeux et je n'hésitais nullement à commettre toutes les transgressions possibles et imaginables.

Un peu surpris d'entendre les paroles de ce vieux, je finis par lui répondre : « Qui es-tu pour me donner des ordres ? Si tu veux de l'argent, sache que je n'ai pas un sou avec moi, raison pour laquelle d'ailleurs tu m'as vu sinon je serais actuellement dans un taxi. »

- Je suis plus riche que toi et toute ta famille réunie, dit le vieillard avec un ton calme et très doux.

- Si tu étais riche, pourquoi alors te mets-tu ici pour demander de l'argent au passant ? Lui répondis-je, pensant toujours que c'était un mendiant.

- Je suis ici pour toi, dit-il avec le même ton.

Je sentis mon cœur commencer à battre fort, comme s'il voulait sortir de sa cage ; la peur commençait à m'envahir, « peut-être avais-je raison, ce n'est pas un simple mendiant », m'étais-je encore dit intérieurement. Je finis par me ressaisir et lui demander : « Qui es-tu pour dire que tu es là pour moi ? »

- Je suis un *AC* ?

- AC ? C'est quoi un AC ?

- Un *Alchimiste des Cœurs*

- Un quoi ?

ALCHIMISTE DES COEURS

- Un *Alchimiste des Cœurs* ; je transforme *les cœurs de plomb en cœurs d'or.*

J'avoue que je ne comprenais pas ce qu'il voulait dire par un *Alchimiste des Cœurs*, ni le fait de transformer les cœurs de plomb en cœurs d'or, mais je finis par lui demander : « qu'est-ce que tu me veux ? »

- *Je veux t'aider à changer complètement ta vie, à atteindre tes objectifs, à purifier ton cœur, à connaître ton Seigneur, à l'adorer à sa juste valeur et t'enseigner ta religion*. Je sais que tu es un homme perdu en ce moment, je veux t'aider à retrouver le droit chemin.

- Je connais déjà mon Seigneur, vieillard ! Il s'appelle Allah et Il est en haut, lui répondis-je avec fermeté pointant mon doigt vers le ciel. Et je pense que j'ai suffisamment perdu du temps avec toi, Je suis fatigué et vais me coucher. J'espère pour toi que tu arriveras à amadouer quelqu'un mais sache que ça ne sera jamais moi. Vous agissez ainsi pour piéger les gens. Vous commencez par leur parler de Dieu pour ensuite demander de l'argent.

Et sur ce, je me retournai et continuai mon chemin, l'air un peu énervé.

« *C'est étant jeune que tu dois rechercher ton Seigneur pour bénéficier de Ses faveurs quand tu seras devenu aussi vieux que moi* », dit le vieux en me voyant m'éloigner de lui.

Je me retournai car je ne pus m'empêcher de rétorquer : « au contraire c'est étant jeune qu'on doit profiter de la vie. Je ne veux pas être comme ces vieillards de ton genre qui n'ont rien et qui font du n'importe quoi parce qu'ils n'ont pas profité de leur jeunesse. Chaque jour on voit un vieillard se comporter comme un jeune. Pourquoi ? Parce qu'il n'a pas profité de sa jeunesse. »

- Laisse-moi te raconter une histoire mon petit, dit-il avec un léger sourire.

CHAPITRE DEUX

Je restais sur place pour l'écouter et il commença à raconter :

« C'était un jeune garçon doté d'une sagesse extraordinaire, qui par son niveau dépassait ses camarades de même âge. Un soir, alors qu'il faisait très sombre au village, la lune s'était cachée dans les nuages, il s'assit avec le chef de village pour discuter avec lui et se divertir comme d'habitude. Le chef de village aimait sa compagnie parce qu'il lui donnait toujours de belles idées. Ils avaient allumé un feu pour s'éclairer et se réchauffer en même temps. L'enfant resta calme pendant un petit moment et commença à pleurer si fort que les gens du village l'entendaient de leurs cases. Le chef de village lui demanda ce qui s'est passé, ce qui est la cause d'un tel comportement. Il lui dit que le feu lui rappelait l'enfer dont Dieu faisait mention dans le Saint Coran. Le vieux n'en revenait pas, l'enfant le surprenait toujours et cette fois-ci il lui parlait de DIEU à cette fleur de l'âge. Pourtant c'était lui-même qui avait baptisé l'enfant et l'avait vu grandir. Le vieux finit par lui demander ce qu'il craignait du feu. L'enfant lui répondit qu'il avait remarqué que lorsqu'il faisait le feu, il a commencé par les brindilles avant de mettre le bois, il a alors imaginé que ça sera la même chose dans le monde futur, ce sont eux les enfants qui seront mis en premier dans le feu avant les adultes. »

J'avais un peu compris ce qu'il voulait me montré par cette histoire mais j'étais aussi un peu énervé et je finis par lui dire : « C'est ça ton histoire ? Elle est nulle et dépourvue de sens ». Je me retournai pour partir et l'entendis encore parler : *« Abdou, va rechercher ton Seigneur, juge-toi avant le jugement dernier et vis ton nom*[1]*. »*

Je m'arrêtai alors sur-le-champ, surpris d'entendre ce vieux prononcer mon nom. « Comment avait-il fait pour connaître mon nom ? » me suis-je demandé avant de me retourner pour lui poser la question : « comment connais-tu mon nom vieillard ? »

---

[1] *Abdou* signifie esclave, serviteur en Arabe

- Je te connais depuis toujours jeune homme. J'étais un intime ami de ton père, c'est lui qui m'avait demandé de prendre soin de toi. Je connais beaucoup de choses sur toi, j'ai même assisté à ton baptême. Ce soir, je t'attendrai ici à dix-neuf heures pour te donner des preuves tangibles si tu le souhaites, entre-temps tu peux aller dormir pour te reposer et réfléchir à ma proposition.

J'accélérai ma démarche car je sentais mon cœur s'emballer. Je me disais que j'étais vraiment devant un personnage mystérieux et qui connaissait mon nom en plus.

Je suis arrivé à la maison, fatigué. Je ne me rappelais même pas comment j'avais fait pour rentrer et combien de temps mon trajet avait duré. Mon sommeil avait disparu, une foule de questions se bousculaient dans ma tête tout au long du chemin. *Qui était ce vieillard ? Comment connaissait-il mon nom ? Est-ce vrai qu'il était un ami intime de mon père, je ne l'avais jamais vu ? Comment le vérifier ? Quel Seigneur peut-il me faire connaître ? Est-ce que je dois lui faire confiance ?* Le monde est rempli de charlatans aujourd'hui. En tout cas, ses mots m'avaient pénétré et sa phrase résonnait encore en boucle dans mes oreilles : « *Jeune homme, crains ton Seigneur et va l'adorer ! La mort peut survenir à tout instant.* »

Je commençais à passer en revue toute ma vie. Qu'est-ce que j'avais fait de bien ? Qu'est-ce que j'avais fait de mal ? Peut-être que ce vieux n'était pas un charlatan et qu'il est ce qu'il prétendait être, un ami intime de mon père et un guide, un vrai guide. Je me suis endormi entre ces instants de pensées. Mais mon sommeil était perturbé par les paroles véridiques du vieux. Pour la première fois de ma vie je commençais à faire une réelle introspection, à revoir tout le film de ma vie et de me juger moi-même avant le jugement dernier comme me le recommandait le vieux.

Vers quinze heures j'étais déjà hors du lit avec la décision d'aller au rendez-vous que m'avait proposé le vieux à dix-neuf

CHAPITRE DEUX

heures. Je me disais *qu'il fallait prendre des risques des fois dans la vie pour réaliser de grandes choses.* J'avoue que j'étais un peu sceptique, mais je sentais au fond de moi que ce vieux-là allait changer ma vie d'une façon ou d'une autre, mais est-ce en bien ou en mal ? J'avais pris la décision d'aller écouter les preuves qu'il m'avait promises de donner. Je n'avais rien mangé depuis la veille et n'avais même pas faim bizarrement. La servante m'avait apporté le repas mais je l'avais à peine touché.

Vers dix-huit heures, je fis alors mes ablutions à ma manière, « peut-être que cela allait me porter bonheur », me suis-je dit. À vrai dire, je ne savais plus depuis combien de temps je n'avais pas fait mes ablutions, je ne priais qu'accidentellement et le faisais sans ablutions le plus souvent. L'image du vieux n'a cessé de me hanter toute la journée.

Je mettais un pantalon jeans souple, pas trop serré, un tee-shirt et des chaussures de sport pour pouvoir courir en cas de problème. *On ne sait jamais dans la vie et il faut toujours être prêt.* Et je n'avais pas trop confiance en ce vieux assez bizarre. Une fois prêt, je sortis me dirigeant vers le lieu de rendez-vous.

À dix-neuf heures pile j'étais déjà arrivé sur les lieux. Il était toujours assis sous le même arbre et avec les mêmes vêtements.

- Tu es finalement venu mon cher Abdou, me lança-t-il me voyant avancer vers lui. Je crois que c'est la meilleure décision que tu aies prise de toute ta vie.

En y réfléchissant bien aujourd'hui, ce vieux avait parfaitement raison, c'était la meilleure décision de toute ma vie. Il a changé complètement le chemin de ma vie et a fait de moi un homme meilleur. Je me demande quel sens aurait ma vie si je ne l'avais pas rencontré ce petit matin-là ?

- Tu es ponctuel mon cher fils, et c'est une qualité que j'apprécie beaucoup chez les gens. Je pense que nous allons bien nous entendre.

- Qui te dit que je cherche à m'entendre avec toi ? Je ne sais même pas pourquoi je suis venu.

- Tu es venu parce que j'ai éveillé ta curiosité et touché ton cœur, me répondit-il instantanément. Je suis un *Alchimiste des Cœurs* et je sais parler aux cœurs.

Il avait raison, il avait touché mon cœur avec ses paroles, c'était la première fois qu'une telle sensation m'était arrivée. *Parfois, il nous arrive d'entendre une parole plusieurs fois avec nos oreilles sans jamais être touché. Mais le jour où nous entendons cette parole avec notre cœur, notre vie ne sera plus la même.* C'est ce qui m'était arrivé.

- Tu veux savoir pourquoi je t'ai fait venir ? Me demanda-t-il

- Je suis impatient de le savoir et je n'ai pas beaucoup de temps à perdre figure-toi.

- Du temps ? Tu en as suffisamment, *tu es le maître de ton temps, pas l'inverse.* Et je sais que tu vas me supplier de t'accorder plus de temps dans le futur.

- Heu ! Ça, j'en doute fort monsieur, je regrette déjà d'être venu.

Cette étrange personne me semblait un peu dingue, et je me disais que je me mettais en danger en le rencontrant. Surtout, je ne voyais pas beaucoup de monde tout autour et il faisait déjà sombre. Une partie de moi me demandait déjà de partir, mais une autre, plus curieuse, me suppliait de rester un peu pour découvrir au fond ce qui se cachait derrière tout ça. J'ai toujours été curieux. On me disait que c'était un vilain défaut mais pour moi, parfois, c'était une très bonne qualité parce que ça me permettait d'aller au fond des choses.

CHAPITRE DEUX

- Je suis ici pour accomplir les vœux de ton défunt père : t'enseigner ta religion, t'aider à purifier ton cœur et te faire connaître ton Seigneur comme je te l'ai dit ce matin. Vois-tu Abdou, tu es un ingénieur n'est-ce pas ?

- Oui. Pourquoi cette question ? Ai-je répondu avec la voix qui tremblait un peu.

- C'est bien. Entre être un ingénieur simple, de nom seulement, qui n'a pas trop d'utilité pour lui-même et pour les autres et être un ingénieur extrêmement compétent, qui connaît tous les rouages de son métier et qui est très utile pour la communauté, lequel des deux préfères-tu ?

- Le deuxième évidemment.

- Parfait alors ! Moi je viens pour t'aider à devenir un Musulman digne de ce nom, une personne qui connaît bien sa religion et son Seigneur et qui va aider les autres à faire de même. Je t'apporte mon soutien pour purifier ton cœur et t'aider à devenir un Être Humain hors pair.

- Je pense que tu fais erreur sur la personne. C'est d'un autre Abdou dont tu veux parler sûrement parce que moi je ne connais rien de la religion sauf qu'il faut prier cinq fois. Et je ne me rappelle même plus la dernière fois que j'ai prié. Je passe la plupart des nuits dans les boîtes avec les filles, je fume et je fais presque tous les interdits. Et je ne t'ai jamais vu avec mon père.

- Si je te donne des preuves tangibles, me croirais-tu ? Dit-il instantanément, d'un air assez rassuré.

- Vas-y d'abord ! On verra ensuite si elles sont palpables ou non.

- D'accord, comme tu veux jeune homme, tu seras bien servi, je vais te donner trois preuves irréfutables.

ALCHIMISTE DES COEURS

Il me demanda de prendre place à côté de lui pour mieux entendre ce qu'il avait à dire et j'acceptai après une brève hésitation.

- *Premièrement !* Pour te prouver que je ne me trompe pas de personne, tu t'appelles Abdou GUEYE, fils de Moussa GUEYE et de Dieynaba BA. Tu es né le quinze mai mille neuf cent quatre-vingt-cinq à Thiès où tu as fait la plupart de tes études avant d'aller à Dakar pour les poursuivre. Tu as une seule grande sœur qui vit avec son mari et tu es seul dans ta maison actuellement. Tes parents, que Dieu ait pitié de leurs âmes, sont morts il y a deux ans. Ils étaient de bonnes personnes et ils ont tout fait pour te donner une bonne éducation. Mais tu as toujours fait fi de leurs enseignements. N'est-ce pas vrai tout cela ?

Je hochai la tête pour lui signifier qu'il avait raison. Il continua à me donner plusieurs détails sur mon parcours. J'étais étonné par la précision de chacun de ces détails tellement c'était vrai.

- *Deuxièmement !* Est-ce que tu reconnais les écritures de ton père ?

- Oui je les reconnais, il avait de belles écritures.

- C'est une très bonne nouvelle donc.

Il sortit une enveloppe de sa poche intérieure et me la tendit en disant : « C'est une lettre de ton père pour toi, il l'a écrit de ses mains. Il savait que tu allais me demander des preuves, raison pour laquelle il m'a remis cette lettre quelques jours avant sa mort. »

J'ouvris aussitôt l'enveloppe et je pouvais lire ceci :

« *Mon cher fils,*

Si tu lis cette lettre, c'est que le moment est venu pour toi de découvrir des trésors et recevoir des enseignements qui rendront le restant de ta vie exceptionnelle.

CHAPITRE DEUX

Je t'ai confié à mon ami intime, mon guide je devrais dire, car je sais qu'il saura bien prendre soin de toi. Il y a longtemps qu'il avait changé ma vie pour la rendre meilleure avec sa philosophie, et je suis sûr qu'il fera mieux avec toi. J'ai toujours rêvé pour toi une vie riche ; sois avec lui, écoute bien ses enseignements, mets en pratiques sa philosophie et je suis sûr que tu dépasseras alors largement mes espérances.

Que DIEU guide tes pas et ton esprit.

Ton Papa qui t'aime »

C'était belle et bien les écritures de mon père. La lettre me touchait au plus profond de moi, je commençais à croire aux paroles de ce vieux, aux habits de loque, assis devant moi, qui connaissait beaucoup sur ma vie.

- Et quelle est la troisième ? Lui demandais-je, espérant qu'il allait faire erreur cette fois-ci. Je n'avais rien à contredire sur les deux dernières preuves.

« *Ah la troisième preuve* », dit-il avec un léger sourire.

Il aimait sourire, je ne sais pas quel secret il avait trouvé sur ça mais il était souriant, et j'adorais ce léger sourire. C'était comme des glaçons qu'on me jetait sur mon corps chaud, ils avaient un effet très adoucissant.

Il continua : « Deux jours avant la mort de ton père, il m'a invité chez lui. Nous avons discuté sur plusieurs sujets, nous nous sommes rappelés nos vieux souvenirs ensemble, chacun en avait profité pour témoigner sa reconnaissance envers l'autre. Il a dit dans la lettre que je l'avais aidé à changer sa vie, mais lui aussi, il m'a beaucoup aidé à bâtir ma vie. Au moment où je rentrais, il m'a renouvelé sa confiance en te confiant à moi. Il me remit alors l'exemplaire du Saint Coran qu'il lisait, ainsi que son chapelet en demandant de les garder pour toi ; il savait qu'il ne lui restait plus beaucoup à vivre. Les reconnaitrais-tu si je te les montre ? »

- Oui je les reconnaitrais certainement, il avait toujours son chapelet et le Saint Coran avec lui.

Il ouvrit une petite sacoche qui était à côté de lui et y sortit un exemplaire du Saint Coran. « N'est-ce pas celui de ton père ? » Dit-il.

- Oui, ça ressemble à celui que mon père avait.

- C'est lui-même, je te le donnerai une autre fois s'il plait à Dieu, il faut être en ablutions pour pouvoir tenir le Saint Coran et je sais que tu ne sais pas bien les faire.

Il remit sa main dans la sacoche pour sortir un chapelet qu'il me donna. Je le reconnaissais sur le champ, c'était celui de mon père, je voyais les marques qu'il y avait mis.

« C'est le chapelet de mon père ; je vois que vous n'avez rien inventé du tout. » lui dis-je. Pour la première fois je venais de le vouvoyer, je regrettais déjà d'avoir utilisé un ton assez dur avec lui.

- Je n'invente jamais rien. Es-tu satisfait des preuves ?

Je lui fis signe que oui, ému par tout ce que je venais de voir et d'entendre.

- Je suis content de voir que tu es maintenant convaincu sur mes intentions. Je suis venu simplement pour t'aider à nettoyer ton cœur et rendre ta vie meilleure. Je suis un *Alchimiste des Cœurs* rappelle-toi. Et ce chapelet sera ton véhicule, un des moyens que nous allons utiliser pour y arriver. Mais avant ça, il y a plusieurs étapes préliminaires par lesquelles nous allons passer. Et le temps nous est compté, vraiment compté mon cher fils. Vois-tu, tu as perdu assez de temps dans des choses futiles, tu as déployé tant d'effort pour gravir les échelons du succès pour te rendre compte aujourd'hui que tu as appuyé ton échelle sur le mauvais mur.

CHAPITRE DEUX

Il avait raison, je l'avoue, j'avais perdu presque toute ma jeunesse sur le mauvais chemin.

- Mais comment faire maintenant avec toutes mes erreurs commises ? Il faut que Dieu me pardonne sinon je crains le pire. Disais-je.

- Sache Abdou que Dieu est le Tout Miséricordieux, le Très Miséricordieux, il suffit de Lui demander pardon avec l'intention de ne plus refaire ces erreurs et d'être sincère et tu seras pardonné. Il efface le passé. Mais il faut savoir quand même que *demander pardon c'est comme marcher sur une braise par accident, tu n'y mettras jamais les pieds de nouveau. La prise de conscience précède toujours le changement.* Comme disait Henry David Thoreau : « *Nous ne sommes conscients de l'aurore que lorsque nous somme éveillés.* » Ce qui importe vraiment actuellement c'est ce que tu vas faire de ta vie. *Au lieu d'être le prisonnier de ton passé, tu peux devenir l'architecte de ton futur,* et un très grand architecte. Je vais te raconter une histoire. Tu aimes les histoires j'espère.

- Oui je les adore, mon père avait l'habitude de me raconter pas mal d'histoires lorsque j'étais enfant.

- Donc tu vas te réjouir avec moi, j'ai des tonnes d'histoires. Je les aime beaucoup, elles sont de merveilleux outils qui permettent de nous enrichir et de rendre notre existence meilleure.

Le Prophète Mouhamed (Paix et Salut sur Lui) a dit : « parmi ceux qui vivaient avant vous il y avait un homme qui avait tué quatre-vingt-dix-neuf personnes. Il demanda quel était le plus grand savant de la terre. On lui désigna un moine. Il alla le trouver et lui dit qu'il avait tué quatre-vingt-dix-neuf personnes. Est-ce qu'il restait quelque possibilité de se repentir ? « Le moine dit aussitôt : « Non » ». Il le tua sur le coup et porta ainsi à cent le nombre de ses victimes. Puis il demanda quel était l'homme le plus savant de la terre. On lui en désigna un. Il lui dit : « J'ai tué cent personnes. Ai-je encore quelque possibilité de me repentir ? » Il lui dit : « Oui et qu'est-ce qui fait obstacle entre toi et la repentance ? Va à tel pays. Là vivent des gens qui ne font qu'adorer Dieu exalté. Adore Dieu avec eux et ne retourne plus à ton pays car c'est une terre de mal ». Il se mit donc en marche et à mi-chemin il fut atteint par la mort. Les Anges de la miséricorde (ceux qui accueillent les mourants agréés par Dieu) se disputèrent à son sujet avec les Anges des tourments (les uns voulant le destiner au Paradis les autres voulant le destiner à l'Enfer). Les Anges de la miséricorde dirent : « Il est venu plein de repentir désirant de tout son cœur retourner à Dieu ». Les Anges des tourments dirent : « Il n'a jamais fait de bien dans sa vie ». C'est alors qu'un Ange vint à eux sous une apparence humaine. Ils le prirent comme arbitre. Il leur dit : « mesurez la distance qui le sépare de la terre du mal et celle qui le sépare de la terre du bien. Destinez-le ensuite à celle dont il est le plus proche ». Ils mesurèrent et trouvèrent qu'il était plus près de la terre qu'il voulait rejoindre et ce furent les Anges de la miséricorde qui lui retirèrent son âme. »

- Très intéressante comme histoire cher monsieur, elle me donne de l'espoir. Je vais me repentir et j'espère que Dieu va me pardonner. Je sais que j'étais égaré.

- Tu sais mon fils, *le mal ne réside pas dans le fait de commettre des péchés mais plutôt dans le fait d'y persister après l'avoir connu.* Comme tu as pris la décision d'abandonner toutes les mauvaises actions, je t'encourage à persister sur ce chemin, tu ne le regretteras jamais. J'ai lu un jour un passage dans un livre qui disait à peu près ceci : « *Sache, ô mon frère, que les péchés donnent naissance à l'insouciance, que l'insouciance endurcit le cœur, que l'endurcissement du cœur t'éloigne de Dieu et que l'éloignement de Dieu mène droit en enfer ! Mais seuls les vivants peuvent encore réfléchir à cela ; les autres sont semblables à des morts, qui se sont suicidés par l'amour qu'ils portent à ce monde.* »

CHAPITRE DEUX

- Très instructif monsieur, merci d'avoir partagé avec moi cette pensée. Lui avouais-je avec sincérité.

- *Réjouis-toi d'être encore vivant, c'est une chance de pouvoir te rattraper ; ne laisse plus jamais un jour passer sans pour autant te donner au maximum,* n'oublie pas tu as du temps à rattraper. Sais-tu que plus tu t'orientes vers ton Seigneur, plus Il se rapproche de toi ? Le Prophète Mouhamed (*Paix et Salut sur Lui*) a dit parmi ce qu'il a raconté au sujet de son Seigneur Puissant et Glorieux : « *Lorsque Mon serviteur se rapproche de Moi d'un empan, Je Me rapproche de lui d'une coudée. Lorsqu'il se rapproche de Moi d'une coudée, Je Me rapproche de lui d'une envergure (de bras). S'il vient à Moi en marchant, Je viens à lui en courant.* »

- Cela aussi donne de l'espoir. Je vais faire des efforts.

- Ne t'inquiète pas, parfois il est bon de se perdre un peu pour savoir reconnaître la bonne voie une fois que tu l'auras retrouvée. C'est ce qu'on appelle *la préparation*. Je pense qu'il est temps de nous séparer pour aujourd'hui, il y a beaucoup de choses qui m'attendent à la maison.

Après une petite pause, il poursuivit : « Néanmoins nous allons nous revoir le samedi prochain. Profite de cette semaine pour bien réfléchir sur ta vie, faire le bilan, te fixer des objectifs et commencer à opérer des changements dès maintenant. Notre prochaine rencontre est prévue à *la montagne Sanogo* à douze heures pile et ne viens pas en retard. »

Lorsque j'ai regardé l'heure il était déjà vingt-deux heures passées, je ne me rendais même pas compte que le temps filait aussi vite, étant tellement captivé par les paroles du vieux.

- D'accord Monsieur, j'y serai par la grâce de Dieu.

ALCHIMISTE DES COEURS

Je sentais déjà un changement en moi car cela faisait longtemps que je n'avais pas prononcé cette expression : *« par la grâce de Dieu »*.

- Au fait, comment vous appelez-vous Monsieur ? Je m'excuse vraiment de vous avoir tutoyé depuis ce matin. Je suis sincèrement désolé.

- Ne t'inquiète pas pour ça. Je m'appelle **Cheikh Ahmadou FALL**.

Il se leva, prit ses bagages et disparut dans le noir. Je restais là-bas un temps réfléchissant à tout ce que m'avait dit ce vieux. *« C'est vrai qu'un simple inconnu peut changer notre vie en quelques minutes, »* pensais-je silencieusement.

Chapitre Trois :
Premières leçons avec le vieux

Les jours semblaient défiler au ralenti tellement j'avais hâte de revoir ce vieux Cheikh, afin de bénéficier encore de sa grande sagesse. Je trouvais mon travail plus ennuyant ces jours-là, toutes mes pensées étaient orientées vers ce qui s'était passé ce dimanche-là, et je restais là à imaginer comment allait être la prochaine rencontre. J'étais impatient en tout cas et je sentais que ça allait être une rencontre excitante et très riche aussi.

J'avais quand même profité de la semaine pour faire un état des lieux complet de ma vie comme il me l'avait recommandé. J'avais passé des heures entières à revoir ma vie, à analyser l'ensemble de mes actions et de mes schémas de pensées. Je savais qu'il y avait beaucoup de choses à changer ou à améliorer. Ce changement n'allait pas être facile c'est sûr, je ne savais même pas par où commencer ou comment procéder. Mais je savais que ça en valait la peine.

Le samedi arriva enfin. La montagne Sanogo se trouvait à quinze kilomètres de la ville. Je me demandais bien ce qu'on devait faire là-bas ? L'apprentissage ne devait-il pas se passer dans une maison ? Je ne pouvais trouver une réponse cohérente.

Je roulais avec ma voiture jusqu'au point de rendez-vous. Arrivé quelques minutes en avance, je ne voyais pas l'ombre du vieux Cheikh aux alentours. Il y avait seulement une personne en jeans et Lacoste avec un chapeau et des lunettes de soleil debout devant la porte d'un Toyota Rav 4 toute neuve, dernier modèle. Je restais alors dans ma voiture en train de réfléchir sur ma vie. Vers midi passé de quinze minutes, je ne le voyais toujours pas arriver.

CHAPITRE TROIS

Je décidai alors d'aller voir la personne avec la voiture pour lui demander s'il n'avait pas vu par hasard un vieux bizarre dans les parages. Il semblait attendre quelqu'un aussi. En m'approchant de lui, le doute s'installait en moi petit à petit. « Est-ce que ce n'est pas le vieux Cheikh qui est habillé comme ça ? » m'étais-je interrogé intérieurement. « Non ! Ça ne peut pas être lui, ce vieux me semblait être un grand guide religieux et d'habitude ce genre de personne ne s'habille pas ainsi. » concluai-je finalement. Arrivé à un mètre de la personne, elle se retourna vers moi et lança : « Abdou, tu es venu ! »

Très surpris de constater que c'était lui-même, je lui demandai : « c'est alors vous Monsieur Cheikh ? Je ne peux pas y croire ».

- C'est bien moi, répondit-il avec un léger sourire en enlevant ses lunettes de soleil et son chapeau.

Oui, c'était bien lui, sans les lunettes et le chapeau je l'identifiai aisément. Je ne pouvais jamais imaginer que cette personne-là, debout devant sa voiture, pouvait être le vieux Cheikh que j'avais rencontré le dimanche passé. Je le voyais toujours dans mes imaginations portant un grand boubou.

- Mais pourquoi vous ne m'avez pas fait signe lorsque vous m'avez vu ? En plus où est votre tenue de la fois passée ? Lui demandai-je, voulant mieux comprendre.

Avec le beau sourire qu'il arborait toujours, il me dit : « Je voulais voir ta réaction. Et qu'est-ce qu'il y a de mal dans cette tenue ? Après tout je suis un être humain comme tout le monde. *L'habit ne fait pas le moine cher Abdou* ».

- Oui c'est vrai, l'habit ne fait pas le moine, vous avez parfaitement raison. En plus la tenue vous va bien. Et cette voiture là c'est pour vous ?

- Oui, c'est pour moi, elle est toute neuve. Je t'avais dit que j'étais plus riche que toi et ta famille réunie, dit-il en souriant encore.

- Vous me surprenez vraiment. J'avoue que je ne vous croyais pas lorsque vous disiez ça la dernière fois. Je m'excuse de vous avoir traité de mendiant, 'étais allé trop loin avec vous je l'admets.

- Ne t'inquiète pas, je comprends bien ta réaction. Tes excuses sont acceptées. Seulement, la prochaine fois, il faudra respecter n'importe quel inconnu que tu rencontreras. C'est un conseil que je te donne. L'apparence est souvent trompeuse. On ne sait jamais dans la vie, c'est pourquoi il faut toujours rester prudent. En plus, il faut rester humain, avoir avec toi l'amour, la compassion et le pardon envers le prochain, c'est très important dans la vie.

- Merci beaucoup pour ces bons conseils, je tâcherai de ne jamais les oublier. Mais je ne pensais vraiment pas que vous conduisiez une Rav 4, la voiture de mes rêves.

- Le matériel n'est qu'un moyen et pas une fin en soi. J'utilise cette voiture pour aller plus vite mais elle n'est rien d'autre qu'un tas de ferraille pour moi. Si elle se gâtait ou qu'elle se faisait voler, cela ne me dérangerait pas et ne m'affecterait aucunement. Si tu portes trop attention aux choses de peu de valeur de ce monde, tu risques certainement de perdre les choses essentielles et éternelles de l'autre monde. Écoute ceci ! *Ne laisse jamais les richesses matérielles pénétrer dans ton cœur* ; cette partie de toi est réservée exclusivement à ton Seigneur. Dieu nous dit qu'Il ne peut être contenu ni par le ciel, ni par la terre mais par le cœur de son serviteur qui l'aime. Vide ton cœur de tout amour de ce bas monde. Notre Prophète Mouhamed (*Paix et Salut sur Lui*) a dit : « *Quiconque a le cœur plein de l'amour de la vie présente et qui se fie à elle, se verra pris par des préoccupations qui ne prennent jamais fin, par un espoir dont l'objectif n'est jamais atteint et par une avidité jamais assouvie.* » Tout ce que tu acquiers ici, tu le laisseras ici Abdou, sauf ce que tu dépenses dans la bonne voie. Seydina Ali (*qu'Allah l'agrée*) parlant de la vie présente a dit : « *Elle épuise quiconque court après elle tandis qu'elle s'offre à celui qui la délaisse. Elle aveugle quiconque la regarde et éclaire quiconque regarde à travers elle.* »

- Merci beaucoup pour ces éclaircissements, vous avez raison, l'argent n'est qu'un moyen, une énergie neutre, tout dépend de l'utilisation. C'est un bon serviteur et un mauvais maître.

Il avait parfaitement raison. Notre société avait l'habitude de juger les personnes selon leur possession et non selon ce qu'elles étaient réellement. Et je crois qu'il venait de changer à jamais ma façon de voir les choses par cette seule action.

- Note bien Abdou ! Dit-il avec énergie : « *L'argent est pareil au scorpion. Si tu te préserves de son mal, tu peux le prendre. Sinon évite-le.* » Et apprend à te jouer de ce monde, il faut l'utiliser comme ton propre jouet.

- Comment faire pour se jouer de ce monde ?

- *En mangeant ses délices pour pouvoir accomplir des actions de l'autre monde.* Utilise les faveurs de Dieu pour mieux l'adorer. Je vais te raconter une histoire.

- Je suis impatient de l'entendre.

- Il y avait deux maîtres spirituels, l'un était très riche, l'autre très pauvre. Un jour le maître qui était pauvre envoya un de ses disciples pour voir le maître riche afin de lui demander de prier pour lui et en même temps lui donner des recommandations. Le disciple partit alors. Il arriva chez le maître et fut très surpris par toutes les belles choses qu'il y trouva : la belle maison, les bonnes nourritures, les belles montures, les jolis meubles ; le contraire total de chez son maître. Il demanda de rencontrer le maître et fut bien accueilli. Le disciple lui dit l'objet de son voyage et la commission de son maître. Le maître riche était très content de cette visite. Ils échangèrent ensemble pendant un bon moment. En raccompagnant le disciple, il lui dit ceci : « *dis à ton maître que je vais bien prier pour lui par la grâce de Dieu. Dis-lui aussi de vider son cœur de toutes les choses de ce bas monde.* » Le disciple était surpris de ces recommandations. « Comment lui, qui est extrêmement riche, entouré de toutes les belles choses du monde, peut demander à mon maître, lui qui est extrêmement pauvre, de vider son cœur de tout ce qui est du bas monde ? » se demandait-il silencieusement. Arrivé à son maître, il lui raconta tout le voyage et lui rapporta les conseils du maître riche. Néanmoins, il lui demanda pourquoi ce dernier lui avait recommandé de vider son cœur alors que lui, il était entouré de toutes les belles choses. Son maître réfléchit quelques instants et lui dit : « fiston ! *Ce maître m'a fait une très bonne recommandation. Bien vrai qu'il est riche, son cœur est dépouillé de tout désir de ce bas monde, il est exclusivement réservé à Dieu. Alors que moi, bien vrai que je sois pauvre, mon cœur est rempli de désirs des belles choses de ce bas monde.* »

- Très inspirante comme histoire, je vois que la différence se trouve dans le cœur.

- Effectivement. *Tu ne sauras trouver la richesse du cœur si tu ne te satisfais pas de ce que tu possèdes Abdou,* lança-t-il automatiquement.

- Parfaitement vrai. Et pourquoi certains ascètes ne s'habillent pas bien selon vous ?

- Tu sais, l'ascétisme n'est pas le fait d'être dans un piteux état, de porter des habits sales, de manger de la mauvaise nourriture. L'ascétisme c'est dans le cœur. Honore ta religion en t'honorant toi-même. Si tous les musulmans étaient pauvres, sales et déshonorants, quelle idée se feraient les autres ? La piété n'est pas le fait d'avoir une apparence misérable. Mais nous parlerons de cela une autre fois s'il plaît à Dieu, pour le moment nous avons autre chose de plus important à voir.

- D'accord ! Qu'est-ce que nous allons faire ici ? J'y ai réfléchi toute la semaine.

- Nous allons apprendre un sujet important pour le cheminement vers Dieu et pour ta vie de façon générale. Nous allons apprendre le principe de la *persévérance.*

- La persévérance ? Intéressant *Maître.*

Il me regarda l'air un peu surpris, sûrement par la manière dont je venais de l'appeler, c'était la première fois.

- Oui Maître, après mûre réflexion, j'ai décidé de vous appeler *Maître.* C'est une appellation qui colle bien comme vous êtes mon guide, mon mentor. Vous avez déjà changé beaucoup de choses en moi et je sais que le meilleur reste à venir.

Il sourit et acquiesça de la tête. Je pense que le nom lui plaisait bien et j'étais content de moi.

- Maintenant monte au sommet de cette montagne, dit-il en pointant son doigt vers le sommet du mont Sanogo.

- Quoi ? Vous voulez que je grimpe au sommet de cette montagne ? C'est une blague ? Vous avez bien regardé cette montagne comment elle est dangereuse ? Il paraît que beaucoup de personnes sont mortes en essayant de l'escalader. Et cette chaleur-là risque de rendre les choses beaucoup plus difficiles, lui dis-je ouvertement.

Cette montagne faisait partie des plus dangereuses de la ville et je n'avais pas vraiment envie de tenter quoi que ce soit.

- Oui, je veux effectivement que tu montes au sommeil de cette montagne, dit-il doucement avant de hausser le ton. Où est passée l'énergie que tu aimais tant dépenser dans les boîtes de nuit ? Ou bien, quand il s'agit de faire des péchés tu es rempli d'énergie, mais lorsqu'il est question de te rapprocher de Dieu, tu deviens paresseux et dépourvu d'énergie ? Si tu veux bénéficier de ma sagesse, il faut obéir à mes ordres, ce n'est que pour ton bien. Un poète a dit : « *supporte ta maladie si tu offenses ton guérisseur. Et endure ton ignorance si tu froisses l'instituteur.* »

Ses paroles avaient fait effet sur moi, je pense qu'il avait touché au bon endroit ; ce vieux savait utiliser les bons mots au bon moment. Je me sentais revigoré, comme si ses mots étaient une piqûre d'énergie. Je décidai alors de passer à l'action. Je regardais le sommet de la montagne et me rappelais la question de Balluchon dans « *Qui a piqué mon fromage ?* », un livre que j'avais lu il y a longtemps : « *que ferais-tu si tu n'avais pas peur ?* ». « Je grimperais », répondis-je intérieurement. Je pris une bonne respiration et me dirigeai vers la montagne. « Je vais le faire, ne vous inquiétez pas » étaient mes derniers mots.

- Abdou, dit-il, *le plus difficile dans la vie c'est de faire le premier pas, pourquoi alors le retarder* ? Tu trouveras un trésor là-haut. Non, deux. Et n'oublie pas de descendre avec eux.

Il me lança ensuite un sachet noir. Je l'attrapai et y trouvais une bouteille d'eau et quelques sucreries. Je le remerciai pour ce geste.

- Du courage, je sais que tu vas y arriver. Et n'oublie pas : ***persévérance*** **jusqu'au bout.**

Je commençais alors la montée. Après dix mètres, je me retournai pour voir s'il me regardait ou non. Je vis qu'il était assis sur une natte, devant sa voiture, en train de lire un livre. Je me retournai et continuais, le cœur battant fort.

Cela m'avait pris une heure et demie pour monter. Je prenais des pauses par moments ; mon cœur s'emballait parfois de peur de tomber, la montagne était un peu raide et il fallait continuer à avancer pour ne pas tomber. Comme disait Einstein : « *La vie, c'est comme une bicyclette, il faut avancer pour ne pas perdre*

CHAPITRE TROIS

l'équilibre » ; j'avançais alors. Comme il m'avait dit que deux trésors m'attendaient en haut, je répétais à chaque moment de découragement, cette pensée que j'avais lue un jour et qui m'avait plu : « *Garde ton objectif fixé au sommet de la montagne, tu pourras profiter du spectacle une fois au sommet* ». J'étais trempé de sueur, mes pieds étaient lourds et la bouteille d'eau était presque vide, mais, je continuais quand même la montée.

Arrivé au sommet de la montagne, je m'allongeais sur le sol pour reprendre mon souffle. « *Yes, je l'ai réussi* » disais-je silencieusement, très fier de moi d'avoir réussi cette prouesse. Ce n'était pas évident. Je n'avais jamais imaginé me retrouver un jour au sommet de cette montagne. La vue depuis là-bas était impressionnante, ça en valait la peine. Quelques minutes plus tard, après avoir bien récupéré, je me suis levé et vis à cinq mètres de moi un emballage noir. « Ah ça doit être l'un des trésors dont m'avait parlé Maître ». Je m'empressai alors à aller ouvrir l'emballage. C'était une plaque avec des écritures en argent, enveloppée dans un drap noir. Je pouvais lire ceci : **Les 5 regrets du mourant** :

1. *Tu atteins la fin de ta vie et te rends compte que tu l'as passée à amasser des diplômes, des médailles et des richesses matérielles que tu vas certainement laisser ici sans avoir pris la peine de préparer ta vie d'après.*
2. *Tu atteins la fin de ta vie et te rends compte que malgré tous les efforts déployés pour grimper les échelons du succès, tu as appuyé ton échelle contre le mauvais mur.*
3. *Tu atteins la fin de ta vie pour te rendre compte que tu n'as pas été un bon exemple et que tu n'as pas montré à tes enfants et les personnes que tu côtoies le chemin qu'il fallait suivre.*
4. *Tu atteins la dernière heure de ta dernière journée sur terre et te rends compte que tu as vécu la vie que la société*

t'a imposée en suivant la mode et pas celle correcte que tu devrais mener.
5. Tu atteins la dernière heure de ta dernière journée et souhaites avoir plus de temps pour essayer de rattraper tout le temps perdu dans des futilités.

J'étais abattu en lisant ces mots, c'était tellement vrai. C'était comme si ces paroles m'étaient exclusivement destinées, elles avaient touché là où il fallait exactement. Je me suis dit intérieurement que si je ne faisais pas attention, j'allais vivre ces mêmes regrets à la fin de ma vie. Je restais silencieux pendant quelques minutes, réfléchissant sur ces paroles véridiques. Je les relisais plusieurs fois encore. C'était un vrai trésor. J'aperçus un peu plus loin une chose blanche qui brillait au soleil, « peut-être c'est le deuxième trésor » me suis-je dit. Je me levai et me dirigeais droit devant pour voir. C'était un morceau de tissu argenté, de la même longueur que le précèdent et enveloppant une sorte de plaque. Je détachai les liens qui maintenaient le tissu et je découvrais une plaque avec des écritures en argent. Je pouvais lire ceci : **_Les 5 bonheurs du mourant_** :

1. *Tu atteins la fin de ta vie en ayant la chance de prononcer la profession de foi juste avant de mourir.*
2. *Tu atteins la dernière heure de ton dernier jour avec le cœur léger car tu t'es acquitté de ton mieux de tous tes devoirs envers ton Seigneur et envers tout le monde.*
3. *Tu atteins la fin de ta vie et te rends compte que tu as laissé un héritage solide pour tes enfants et pour le reste de l'humanité.*
4. *Tu atteins la fin de ta vie et t'aperçois que tu n'as aucun regret par rapport à ta vie car tu as vécu pleinement celle qu'il fallait.*
5. *Tu atteins la dernière minute de ta dernière heure de ta dernière journée et es pressé de partir car tu connais déjà la vie paisible qui t'attend et tout le bonheur qui va avec.*

CHAPITRE TROIS

Je restais là aussi, bouche bée, en train de relire en boucle les deux plaques. Chaque mot avait un sens réel. Je restais là-bas, assis, peut-être pendant deux, dix, trente minutes ou une heure, je ne sais même plus, car c'était comme si le temps s'était arrêté à cet instant. Je réalisai que si je persistais ainsi j'allais vivre les regrets de la première plaque, mais, si je changeais avec l'aide du vieux, je pourrais espérer vivre les bonheurs de la deuxième plaque.

Je descendis aussi vite que possible avec les deux plaques. Il était toujours assis sur la natte devant sa voiture, en train de lire son livre. Me voyant arrivé, il se leva et me dit : « Ah ! Tu es là, je pensais que tu étais perdu. »

En sueur, je lui répondis : « oui effectivement j'étais perdu mais dans mes pensées. » Après une bonne respiration, je continuais : « J'ai trouvé en haut des paroles tellement véridiques que je suis resté longtemps à réfléchir sur leur sens. J'ai été touché au plus profond de moi-même. Merci beaucoup. »

- Excellent alors, je suis content pour toi et suis très fier de toi aussi. Tu as été persévérant.

- Je n'aimerais pas vivre ces regrets mais je souhaiterais ardemment vivre les cinq bonheurs.

- Tout cela ne dépend que de toi. Garde ces deux plaques bien visibles dans ta chambre pour pouvoir les relire le plus souvent possible.

Il m'invita à m'asseoir sur la natte pour me reposer un peu ; ce que j'acceptai volontiers. J'étais très fatigué et ne sentais même plus mes jambes.

« Il est l'heure de la prière. Prends dix minutes pour récupérer un peu et après, nous allons prier ensemble. » Dit-il en se levant pour préparer les bagages pour la prière. Il ouvrit sa voiture pour sortir deux nattes et deux bouilloires pour les ablutions.

« Viens par-là, nous allons faire nos ablutions ensemble, je sais que tu ne peux pas les faire correctement », dit-il après dix minutes environ, faisant signe d'approcher vers lui. Je répondis à son appel sans dire mot. Il me tendit l'une des bouilloires et garda sur lui l'autre. Il me montra comment correctement faire les ablutions et les mots à dire après avoir terminé. Nous avons ensuite prié ensemble. Après la prière, il me dicta des mots à dire, et il fit l'invocation finale. Je l'aidais à ranger les bagages dans la voiture et nous nous sommes installés encore sur la natte pour continuer la discussion.

- Alors comment tu as trouvé la montée ? Demanda-t-il.

- Extrêmement difficile. J'ai eu la chance à plusieurs reprises de n'être pas tombé dans le ravin et j'ai failli même abandonner à un moment. Mais je me disais à chaque fois que des trésors m'attendaient au sommet de la montagne et que ça valait la peine de continuer. Je ne me suis pas trompé effectivement car j'ai trouvé les deux trésors et ai pu aussi profiter de là-bas d'une vue extraordinaire, une vue inimaginable, une vue indescriptible.

- Excellent, Je pense que tu as parfaitement compris la leçon d'aujourd'hui. *Apprendre par l'expérience c'est la meilleure méthode et une façon efficace de marquer l'esprit à jamais.* Sache que ton cheminement vers Dieu sera à peu près le même. Il te sera nécessaire d'avoir beaucoup de courage, de persévérance, d'énergie et oublier de regarder en bas des fois. La route vers Dieu n'est pas rectiligne, elle est remplie d'embûches et de pièges. Tu rencontreras beaucoup de tentations, tu feras beaucoup de faux pas, et chacun d'eux peut être catastrophique, tu peux faire une chute kilométrique et être obligé de recommencer à zéro.

- C'est très risqué donc. Qu'est-ce qui peut aider ?

- Avoir un bon guide, qui connaît bien la montagne. Et les meilleurs guides sont le Saint Coran et la Tradition du Prophète Mouhamed (*Paix et Salut sur Lui*). Il faut toujours te référer à eux.

CHAPITRE TROIS

Ensuite chercher à avoir un troisième guide, un maître, quelqu'un qui connaît mieux la route que toi pour l'avoir déjà emprunté. Il pourra te montrer les dangers et ce qu'il faut faire pour les éviter. Il doit être sincère et aussi maîtriser le Saint Coran et la Tradition Prophétique. Rappelle-toi toujours de cette mise en garde de Sham's de Tabriz : « *Il y a plus de faux gourous et de faux maîtres dans ce monde que d'étoiles dans l'univers. Ne confonds pas les gens animés par un désir de pouvoir et égocentristes avec les vrais mentors. Un maître spirituel authentique n'attirera pas l'attention sur lui ou sur elle, et n'attendra de toi ni obéissance absolue ni admiration inconditionnelle, mais t'aidera à apprécier et à admirer ton moi intérieur. Les vrais mentors sont aussi transparents que le verre. Ils laissent la Lumière de Dieu les traverser.* »

- Donc, j'ai la chance de vous avoir comme maître.

- Peut-être, répondit-il, le temps nous le dira.

Je savais que j'avais de la chance de rencontrer ce personnage mystérieux, mon père avait fait le bon choix de me confier à lui, je savais que j'allais beaucoup apprendre avec lui. Mais deux questions me trottaient toujours l'esprit : comment ces deux plaques se sont retrouvées en haut ? Et comment il savait qu'elles étaient là-bas ? Je décidai alors de lui demander : « Qui a déposé ces plaques en haut ? »

- Moi, dit-il avec un sourire.

- Vous ? Répondis-je l'air surpris.

Je ne pensais pas qu'il pouvait monter en haut de cette colline à son âge et surtout je ne le croyais pas être aussi énergique. « Qu'est-ce que vous avez utilisé pour monter ? » Lui demandai-je.

Il sourit et me répondit : « Mes pieds. Voyons, je ne suis pas aussi vieux que tu le penses et je fais toujours du sport. »

ALCHIMISTE DES COEURS

J'avais du mal à le croire mais je savais qu'il disait la vérité. Il a dû certainement venir un peu plus tôt pour monter et redescendre avant mon arrivée et avant que le soleil ne tape fort. C'était peut-être la raison pour laquelle il s'était habillé de la sorte.

- Écoute cette belle histoire, dit-il doucement.

Un jour, une mère conduisit son jeune fils chez le *Mahatma Gandhi*. Elle le supplia : " *Je vous prie, Mahatma, dites à mon fils de ne plus manger de sucre.* "

Gandhi réfléchit, puis déclara : " *Ramenez votre fils dans quinze jours.* " Surprise, la femme le remercia et promit de faire ce qu'il avait demandé.

Quinze jours plus tard, elle revient avec son fils. Gandhi regarda le jeune garçon dans les yeux et dit : " *Arrête de manger du sucre.*"

Reconnaissante, mais étonnée, la femme le questionna : "*Pourquoi m'avez-vous demandé de le ramener après deux semaines ? Vous auriez pu lui dire la même chose la première fois.*"

Gandhi répondit : " *Il y a quinze jours je mangeais du sucre.*"

- Waouh ! Vraiment respect à ce Gandhi, il était un très grand sage.

J'avais compris là où il voulait en venir ; il voulait me montrer que s'il m'avait demandé de grimper cette montagne, c'est qu'il était capable de le faire aussi. Il était authentique et j'aimais beaucoup cela.

Il regarda sa montre et dit : « Pour terminer cette première rencontre, je vais te donner cinq principes à suivre, cinq comportements à adopter qui vont beaucoup t'aider dans ta progression. Si tu les appliques correctement, ils te permettront d'éviter ces cinq regrets et de vivre les cinq bonheurs. Ces cinq

CHAPITRE TROIS

principes sont regroupés sous un acronyme pour te permettre de les retenir beaucoup plus facilement. »

- Je suis impatient de les découvrir, laissai-je sortir, tout excité d'apprendre. Je sentais ma fatigue disparaître sur le coup.

- L'acronyme c'est ***ISLAM***.

- ISLAM ?

- Oui ISLAM. Tu es prêt à les entendre ?

- Oui je suis prêt Maître.

- Allons-y alors. Le **I** signifie ***Investissement*** pour toujours te rappeler son importance. Abdou ! Investis ton argent, ton énergie, ton temps, tes talents au service de Dieu. C'est le meilleur investissement que tu puisses faire de tes ressources les plus importantes. Avec ton argent, fais des œuvres de charité, construis des mosquées, aide ceux qui en ont besoin, donne avec le cœur sans attendre rien en retour, construis des écoles, achète des livres pour les écoles coraniques et pour les bibliothèques, construis des hôpitaux, fais autant de belles actions que tu peux avec. Mais ne mets jamais ton argent dans ce qui est interdit et prohibé. Fais de même pour ton temps et ton énergie.

- Mais si je mets tout mon temps et mon énergie au service de Dieu, comment vais-je faire pour travailler et gagner de l'argent ? Lui demandai-je pour avoir plus d'éclaircissements.

- Travailler peut représenter un investissement au service de Dieu. Tu fais quoi comme travail ?

- Je travaille dans une centrale électrique. Nous produisons de l'énergie pour la population à partir de groupes électrogènes. Vous ne le saviez pas ?

Souriant, il me répondit : « Je ne sais pas tout sur toi jeune homme, je n'en avais pas vraiment besoin. Tu fais un boulot très intéressant en tout cas ! »

- Intéressant ? Je ne trouve pas, je m'ennuie beaucoup au travail.

- Tu t'ennuies parce que tu ne regardes pas ton travail sous le bon angle. Regarde l'impact que ton travail de chaque jour a sur la population. Combien de maisons sont alimentées par le seul groupe que tu fais fonctionner ? Combien d'hôpitaux ? Combien de pharmacies ? Combien de personnes sur leur lit d'opération as-tu sauvées en leur procurant l'électricité ? Combien de sacs de riz, de boissons, de produits alimentaires as-tu permis la production grâce à l'énergie que vous avez produite au travail ? Combien de forages ont été démarrés pour alimenter la population en eau grâce à ton travail ? Combien de livres ont été imprimés parce que tu as fait fonctionner correctement la centrale ? Combien de maisons ne sont pas dans le noir ? Combien d'élèves vont pouvoir suivre leur cours correctement, réviser sans problème et passer leur examen grâce à toi ? Ne néglige pas le travail que tu fais.

- J'avoue que je ne l'avais jamais considéré sous cet angle.

- Je vais te révéler encore un point important : ton travail est une adoration, et, dès lors que tu le considères comme telle, plus jamais tu ne tricheras au travail, plus jamais tu ne viendras en retard, tu deviendras un véritable leader, peu importe ta position dans l'entreprise tu feras ton travail comme il se doit. Tu ne voleras jamais les ressources de l'entreprise et tu seras respecté pour ta conduite exemplaire. La religion incite au travail. Il ne faut jamais être une charge pour les autres si tu as la possibilité de travailler. La meilleure nourriture est celle que la personne acquiert par ses propres moyens. Chaque personne doit essayer, par son travail, de contribuer au développement de son pays.

- Ça devient de plus en plus clair dans ma tête.

- Ton travail est une adoration, alors fais-le de la meilleure manière possible. Il n'y a pas de travail insignifiant, il n'y a pas de sot métier dès l'instant qu'il te permet de garder ta dignité. Dans

CHAPITRE TROIS

l'entreprise, chaque travailleur est important. Si le gardien ne fait pas bien son travail, vous ne serez pas en sécurité ; si le balayeur ne nettoie pas bien vos bureaux, vous serez gênés par l'odeur et vous ne pourrez pas bien faire votre travail. Martin Luther King a déclaré un jour : *« Celui qui est appelé à être balayeur de rues doit balayer comme Michel-Ange peignait ses toiles ou comme Beethoven composait ses symphonies, ou comme Shakespeare écrivait ses drames. Il doit balayer les rues si parfaitement que les hôtes des cieux et de la terre s'arrêteront pour dire : "Ici vécut un grand balayeur de rues qui fit bien son travail." »*

- Belle citation. Je comprends mieux maintenant comment une bonne gestion de son temps peut équivaloir à travailler.

- Vois-tu, investir ton énergie, cela revient presque à faire un travail noble et aussi à participer aux activités religieuses autant que possible. Ton temps, accorde-le toujours à Dieu. Accorde-le aussi à ta famille, à tes amis et tous ceux qui en ont besoin mais que tout ceci ne soit motivé que par la recherche de la satisfaction de Dieu uniquement. Sache qu'il est possible de renouveler ton énergie ou ton argent une fois que tu les perds, mais pour ton temps, c'est impossible. Le temps perdu ne se rattrape jamais. Donc sois bien conscient de l'utilisation de ton temps. Investis-le bien !

- D'accord Maître, je vais bien investir mon temps, mon énergie et mon argent.

- Je t'encourage vivement à le faire. Et un autre point sur l'investissement, c'est l'investissement sur soi. C'est le fait d'investir sur ton développement personnel, apprendre à mieux faire les choses, à mieux gérer ta vie, à mieux t'organiser pour mieux gérer ton travail et pratiquer ta religion. Comme disait Sénèque : *« Tant que tu vis, continue d'apprendre à vivre. »* C'est aussi passer du temps pour mieux te connaître, connaître tes valeurs et d'agir en fonction d'elles. N'oublie jamais ceci : *« Pour avoir de nouveaux résultats, il faut devenir une nouvelle personne.* » Et en investissant toujours sur toi-même, tu deviens chaque instant une nouvelle personne capable de réaliser de nouvelles choses.

- J'avoue que c'est vraiment intéressant tout ce que vous dites là.

- Le dernier point que je voulais aborder par rapport à l'investissement c'est de t'efforcer d'aller à La Mecque avant tes quarante ans. Ne pense pas que parce que tu es jeune, tu dois attendre d'être plus vieux ou la retraite. La Mecque doit être une priorité pour toi. Investis chaque jour au moins un centime pour La Mecque. Tu peux fabriquer si tu veux un « *coffre-fort pour La Mecque.* » Chaque fois que tu veux dépenser un centime pour un bonbon ou une chose sans intérêt, demande-toi si c'est vraiment nécessaire, sinon mets-le dans le coffre-fort. Agis de la même manière pour les boissons et autres achats non nécessaires. Dis-toi que *tout ce qui n'est pas nécessaire est inutile dans la vie.*

- Je pense que j'ai bien compris ce point sur l'investissement sur soi. Et que signifie maintenant le *S* dans *ISLAM* ? C'est un acronyme que j'aime bien et c'est facile à retenir.

- Le **S** signifie **Service** : Être au service de soi-même et au service des autres. Servir, c'est ce qu'il y a de meilleur et de plus noble au monde. Les hommes ont besoin les uns des autres pour exister, une société sans entraide et service mutuel serait semblable à une maison en ruine. Les hommes ont besoin aussi d'être au service d'eux-mêmes pour se réaliser.

- Vous avez parfaitement raison, que c'est inspirant.

- Tu sais Abdou, avoir de l'argent, avoir de belles maisons, avoir de belles voitures, tout cela c'est bien beau et représente un pouvoir énorme. *Mais le vrai pouvoir c'est se mettre au service de soi et au service des autres.* Le service, c'est le secret de la cohésion sociale. Regarde bien, si tu te mets au service de quelqu'un ou si tu rends un service à quelqu'un, aussi petit soit-il, celui-là, s'il est sensé, te sera très redevable et voudra faire de même pour toi. Imagine maintenant comment serait le monde si chacun se mettait au service de son prochain, et de manière désintéressée ?

- Le monde serait alors sûrement parfait.

- Tout à fait mon fils, un monde vraiment parfait. C'est le principe de l'enrichissement réciproque. Cela me rappelle un film.

- Ah bon ? Vous regardez les films ? Demandai-je, l'air surpris

- Oui, je regarde des films mais pas tout genre. Certains films sont remplis d'enseignements et de sagesses. Et une image vaut souvent mieux que mille mots. Je ne regarde que des films intéressants comme « *Un monde parfait.* » L'as-tu déjà regardé ?

- Non ! Néanmoins j'imagine que ça doit être un film très riche.

- Tu imagines bien, non seulement il est riche mais surtout très inspirant. L'idée du film c'est qu'une personne lambda doit faire une bonne action de manière désintéressée à trois autres personnes, des actions qu'elles étaient incapables de faire par elles-mêmes. Et ces trois personnes font de même pour trois autres qui feront la même chose aussi et ainsi de suite. Chaque personne doit *passer le relais* en quelque sorte à trois personnes.

- Ce principe me plaît beaucoup, il est très original. Je vais chercher le film et le regarder pour mieux cerner le concept.

- Tu me diras les enseignements que tu y tireras.

- Avec grand plaisir. Mais concrètement, c'est quoi être au service des autres ?

- Question pertinente. Être au service des autres, c'est de faire tout ce qui est en ton pouvoir pour les aider et leur apporter bonheur et soulagement. C'est de te dévouer corps et âme pour leur bonheur, c'est vouloir pour ton prochain tout ce que tu souhaites pour toi-même ou même plus. Le Prophète Mouhamed (*Paix et Salut sur Lui*) a dit : « *Aucun d'entre vous n'est un véritable croyant tant qu'il n'aimerait pas pour son frère ce qu'il aime pour lui-même.* » Donc, être au service des autres c'est être un véritable croyant. Et dans le Saint Coran, Dieu nous dit : « *Les croyants ne sont que des frères. Établissez la concorde entre vos frères et craignez Allah, afin qu'on vous fasse miséricorde.* »[2] Considère chaque personne comme toi et aide tout le monde à avoir une bonne vision de la vie, à aller de l'avant et à se réaliser. Va à la rencontre de ton prochain et aide-le à résoudre ses problèmes. Quelle que soit ta situation, tu as la possibilité d'apporter quelque chose à ton prochain. Même un sourire peut éclairer la journée de quelqu'un, ne le néglige pas.

Je l'écoutais religieusement. Ses paroles rentraient comme des flèches dans mon cœur, tellement elles étaient poignantes et véridiques. Je ne sentais même plus la chaleur de la journée, j'étais concentré sur ce qu'il disait. Chaque mot de ce vieux était bien choisi.

- Connais-tu *l'effet Papillon* ? Me dit-il après quelques secondes passées à regarder l'horizon.

- Ça doit être l'effet que fait le papillon lorsqu'il vole, répondis-je en souriant car j'ignorais carrément la réponse.

Il sourit en me disant : « *Tu as deux sur dix de moyenne !* »

Nous avons ri ensemble pendant quelques secondes et je finis par lui avouer : « Non, je ne connais pas ce que veut dire « *effet papillon* », c'est même la première fois que j'entends cette expression. »

- Merci d'être sincère. Jean Rostand a dit un jour : « *Mieux vaut accepter l'ignorance provisoire que de recourir à des pseudos-*

---
[2] Sourate 49, Verset 10

CHAPITRE TROIS

explications. » Retiens ceci : *Accepter son ignorance, c'est ouvrir la porte de la connaissance.* Pour Confucius : *« La vraie connaissance est de connaître l'étendue de son ignorance. »* Montaigne lui a dit : *« La vraie science est une ignorance qui se sait. »* L'effet Papillon, c'est le postulat émis par Lorenz en mille neuf cent soixante-trois pour montrer que les battements d'ailes d'un papillon à Singapour pourraient avoir un effet sur un ouragan en Caroline du Nord.

- Ah bon ! C'est possible ça ?

- Oui tout à fait possible et Lorenz l'a même démontré par la suite. Juste pour te dire que de petits actes peuvent avoir de grandes conséquences. De petites graines, peuvent donner de grands arbres, de petites actions peuvent avoir de grands résultats. Fais chaque jour de *« petites marques de gentillesse »*. Regarde ce qui peut faire plaisir à quelqu'un et fais-le si possible. Un coup de fil, un texto, un message, un sourire, tout cela est important. Le Prophète Mouhamed (*Paix et Salut sur Lui*) a dit à un compagnon : *« Ne méprise aucune bonne action si petite soit-elle, comme le fait d'accueillir ton frère avec un visage souriant. »*

- C'est vrai que cela ne coûte absolument rien.

- Je vais te raconter une autre histoire inspirante de Gandhi, il était vraiment exceptionnel.

- Oui je l'avoue.

- Un jour Gandhi descendait d'un train quand l'une de ses chaussures glissa et tomba sur la voie ferrée. Comme le train se remettait en marche, il lui fut impossible de la ramasser, il fit donc quelque chose qui étonna ses compagnons.

- Quoi donc Maître ?

- Il enleva l'autre chaussure et la lança près de la première. Ses compagnons lui demandèrent immédiatement une explication. Tandis qu'il marchait pieds nus le long du quai, il sourit avec douceur et répliqua : « *Maintenant, le pauvre homme qui trouvera ma chaussure sur la voie aura aussi l'autre et pourra se chausser.* »

- Impressionnant, je l'aime bien ce Gandhi et je vais faire des recherches sur sa vie.

- Oui, il le faut, tu apprendras beaucoup de lui. Tu sais, l'islam appelle à la cohésion, à l'entraide. Notre Prophète Mouhamed (*Paix et Salut sur Lui*) est venu pour servir l'humanité et il l'a fait de la plus belle manière. L'islam est une religion de paix, d'amour et d'entraide envers son prochain, pas une religion de destruction. Pour rendre service, voici trois petites choses que nous négligeons souvent et pourtant beaucoup de personnes en ont besoin, tu peux les leur offrir sans trop de difficultés pour toi.

- Lesquelles ? Dis-je, impatient d'apprendre une fois de plus, de belles leçons de vie qui sont pour moi des pépites d'or.

Il prit alors une bonne respiration avant de continuer.

- ✓ Premièrement : « *Une écoute attentive et sincère* ». Les personnes ne prennent jamais la peine de bien écouter les autres, elles ne pensent qu'à ce qu'elles ont à dire et à répondre. N'oublie jamais Abdou que tu as deux oreilles et une langue pour que ce que tu écoutes soit le double de ce que tu dis. Le seul fait d'écouter quelqu'un te raconter ses problèmes et soucis peut l'aider à se soulager et à se sentir mieux. Ne le néglige pas ; honore l'autre en lui offrant une formidable écoute. Comme le disait quelqu'un : *il faut réduire le bruit de son propre ego afin d'augmenter le volume de l'écoute.* Témoigne de l'empathie pour les autres. Beaucoup de personnes en ont besoin.
- ✓ Deuxièmement : « *Intéresse-toi sincèrement aux autres.* » Rien de plus réjouissant pour une personne qui se sent seule de savoir que quelqu'un s'intéresse réellement à elle et de manière désintéressée. Prends le temps de demander des

CHAPITRE TROIS

nouvelles régulièrement et de demander conseils à ceux qui trouvent du plaisir à en donner d'utiles. Ouvre ton cœur et témoigne sincèrement de l'amour aux autres. Aime toutes les créatures de Dieu.

- ✓ Et troisièmement : « *Complimente régulièrement et encourage constamment.* » Un compliment sincère peut décupler les forces d'une personne et peut l'aider à se sentir mieux. Un mot d'encouragement aide à faire encore des efforts. *Une parole, quand elle est douce, détourne de la fureur.* Aie toujours des mots d'encouragement pour les gens que tu côtoies. Plusieurs personnes en ont vraiment besoin. Essaie avec tes collègues et tu verras le résultat. Notre Prophète Mouhamed (*Paix et Salut sur Lui*) nous enseigne que la bonne parole est une aumône, multiplie-la alors.

Rappelle-toi toujours ces trois actions Abdou.

- Ne vous inquiétez pas Maître, j'ai bien noté cela dans mon carnet et je vais les appliquer. C'est intéressant ce que vous avez dit.

- Voici une autre histoire inspirante. Un jour, Ibn Abbas (*qu'Allah l'agrée*) faisait une retraite spirituelle dans la mosquée. Il aperçut un homme triste et le questionna. L'homme lui révéla qu'il avait une dette envers quelqu'un et qu'il n'était pas dans les dispositions de le payer. Ibn Abbas (*qu'Allah l'agrée*) lui proposa alors de se rendre chez cette personne en sortant de la mosquée. L'homme dit alors : « *Mais n'es-tu pas en retraite spirituelle !* ». Ibn Abbas (*qu'Allah l'agrée*) répondit avec les larmes aux yeux : « *J'ai entendu le Prophète (Paix et Salut sur Lui) dire : Pour celui qui se déplace pour aider un frère dans le besoin et résoudre son problème, la récompense sera meilleure qu'une retraite spirituelle de dix années.* »

- Alors là ça vaut le coup d'aider un frère vu la récompense qui nous attend.

Il continua à parler comme quelqu'un qui était entré en transe, je voyais ses yeux briller de bonheur, on sentait de loin que c'était un sujet qui le passionnait, il aimait servir les autres et de façon désintéressée.

- Regarde Abdou combien d'habits tu n'as pas portés depuis un ou presque deux années, combien de chaussures, combien d'équipements tu n'as pas utilisés depuis longtemps que tu as rangés dans le garage et qui peuvent vraiment servir à d'autres personnes ? Combien de kilogrammes de nourriture tu envoies chaque jour à la poubelle et pourtant, il y a des centaines de personnes qui meurent de faim dans ta région, dans ta localité, à quelques mètres de chez toi. *Les gens meurent de faim dans le monde, non pas à cause d'un manque de nourriture, mais à cause de la cupidité des gens et de leur manque d'amour.* Il va vraiment falloir revoir ta façon d'être, éviter le gaspillage autant que possible et d'essayer d'être utile à quelqu'un d'autre chaque jour. Tout le monde en est capable mon cher fils. Et n'oublie pas : *on se rappelle toujours les yeux lumineux d'une personne qui a reçu une aide inespérée de la part de quelqu'un d'autre.*

Tout ce qu'il était en train de dire sur le service désintéressé était tellement sensé. L'islam appelait à être au service des autres contrairement à moi qui, avant, ne faisait que dans l'ostentation avec mes bonnes actions. Dorénavant, je vais essayer de faire les choses de façon désintéressée.

- Sais-tu que chez certains moines, lorsque tu es jeune, ton père vient dans ta hutte chaque soir pour te demander quelle bonne action tu as faite dans la journée ? Si tu n'en as pas fait, il t'oblige à te lever et à faire une bonne action avant d'aller dormir. C'est comme ça que nous devons vivre nous aussi, faire chaque jour au

CHAPITRE TROIS

moins une bonne action pour les autres et de manière désintéressée.

Il continua :

- Tu es ingénieur, aide les élèves ingénieurs de ton école à être plus efficace. Aide-les en corrigeant leurs rapports d'études, en leur offrant gratuitement des formations et des conférences. Même les vingt-cinq francs que tu utilises pour acheter des bonbons qui, si tu observes bien, ne te servent souvent à rien et au contraire détruisent ton corps, tu peux les utiliser pour rendre service. Il y a assurément quelqu'un, non loin de toi, qui n'a besoin que de vingt francs pour régler son problème. Sois extrêmement conscient de toutes tes dépenses. Tu as toute une panoplie d'opportunités pour aider et servir. Regarde dans ta localité les problèmes que les gens ont et essaie de leur proposer des solutions. Un père sur son lit de mort dit à son fils ces paroles : « *Aie honte de mourir avant d'avoir remporté une victoire pour l'humanité.* »

- Vous m'avez donné une liste d'actions intéressantes que je pourrais bien faire pour servir les autres.

- Voilà une citation de l'Imam Ghazali (*qu'Allah l'agrée*) que j'aime bien, note-le bien et relis-le chaque jour si possible : « *Tout au long de ta vie, ne manque jamais l'occasion de faire une bonne action.* »

- Elle est bonne celle-là, vraiment. Je ne manquerai plus jamais une seule occasion de faire une bonne action.

- Lève-toi chaque jour avec cette question en tête : *En quoi puis-je aider quelqu'un aujourd'hui avec ce dont je dispose physiquement, mentalement, émotionnellement, financièrement et intellectuellement ?* Va dans les hôpitaux, visite les malades, prie pour eux et parle avec eux pour leur redonner espoir. Va nettoyer des mosquées, nettoyer des daaras[3], participer à des œuvres

---

[3] Darra : Ecole coranique

humanitaires et même adhérer à une association d'actions sociales. Tout cela t'est possible et ne te coûte absolument rien, seulement de l'investissement. Albert Schweitzer a dit : « *Il n'y a de religion plus élevée que celle du service à l'humanité. Travailler pour le bien de l'humanité est la plus grande profession de foi.* »

- Cela me donne une idée Maître, lui dis-je tout excité.

- Laquelle ?

- Je vais rejoindre dès demain une association dont j'ai entendu parler depuis longtemps qui œuvre dans des actions sociales mais je n'avais jamais vu l'importance de servir les autres de manière désintéressée jusqu'à aujourd'hui. Merci beaucoup d'avoir ouvert mes yeux de la plus belle manière.

- C'est une très bonne nouvelle et une belle décision, je t'encourage vraiment. Me dit-il, tout content en me donnant une petite tape sur mon épaule.

Je sentais une bonne énergie circuler en moi et je m'étais senti bien sur le coup. Cela faisait longtemps que je n'avais pas senti pareille chose. C'était comme si *le fait seulement de prendre une bonne décision jouait déjà sur notre organisme.*

- Parle-moi un peu de cette association. Dit-il doucement, en prenant une gorgée d'eau ; il faisait chaud mais nous étions concentrés sur la discussion.

- J'ai un ami qui est membre dans cette association. Elle s'appelle *Les Petites Gouttes*.

- Les Petites Gouttes[4], très inspirant comme nom, remarqua-t-il.

- Oui c'est vrai. C'est une association créée en deux mille quatorze qui rassemble des hommes et des femmes de toutes

---

[4] contact@lespetitesgouttes.org
https://www.lespetitesgouttes.org/

origines qui ont en commun des valeurs universelles de solidarité et de partage. Elle agit autour de deux principales activités :

> *Les Personnes Vulnérables* : en s'occupant des talibés, des personnes en situation de handicap, des albinos qui sont dans le programme Petites Gouttes en leur fournissant les moyens d'apprendre le français, en veillant à leur santé et contribuant à leur bien-être.

> *Les projets solidaires :* Construction du Centre Les Petites Gouttes, ouverture d'une boutique solidaire pour aider les populations de classe modeste à avoir accès à différents produits à de très bas prix.

Chaque membre de l'association est une Petite Goutte qui peut :

- ✓ Donner de son temps pour animer, encadrer, planifier et suivre les actions,
- ✓ Apporter un soutien financier pour soutenir des projets collectifs,
- ✓ Donner de son savoir-faire technique ou professionnel. Ainsi un informaticien pourra donner des cours gratuits d'informatique, un médecin effectuer des consultations gratuites, un chargé de clientèle aider à gérer un budget…

- Ça c'est vraiment intéressant, n'hésite pas à les rejoindre. Je suis sûr que tu ne le regretteras pas. C'est toujours une très bonne idée de s'associer à de bonnes personnes. D'ailleurs, c'est un point important dont je te parlerai la prochaine fois. Et le nom de cette association me rappelle une citation de Mère Teresa qui disait : *« Nous réalisons que ce que nous accomplissons n'est qu'une* **goutte dans l'océan.** *Mais si cette goutte n'existait pas dans l'océan, elle manquerait. »*

- C'est une très belle citation. C'est noté et je vais apporter ma petite goutte s'il plaît à Dieu.

- Des recherches sur le volontariat ont démontré que ceux qui participent à des activités bénévoles vivent plus longtemps, développent un système immunitaire plus fort, souffrent de moins d'accidents cardiaques et ont des valeurs plus solides et plus saines que ceux ou celles qui ne le font pas.

Il arrêta de parler, me regardant avec fierté, l'air content. Je sentais que ma décision d'adhérer à cette association lui plaisait beaucoup. Il continua :

- Mais n'oublie pas aussi que rendre service aux autres, c'est aussi accepter d'être servi et aidé par les autres. *On dit souvent que la main qui donne est supérieure à celle qui reçoit, mais c'est aussi aider l'autre en acceptant de recevoir, c'est lui témoigner ton humanité et lui permettre de faire une bonne action.* Vois-tu comment tu m'aides en acceptant de recevoir de moi des connaissances, me dit-il avec un léger sourire.

Je souris aussi et lui fis la promesse d'offrir aux autres le plus possible l'opportunité de faire une bonne action.

- Rappelle-toi toujours que le meilleur service que tu peux faire à quelqu'un c'est de le guider vers la droiture. Écris, parle et fais tout pour propager les valeurs morales de ta religion car le Saint Coran nous dit : « *Par la sagesse et la bonne exhortation appelle (les gens) au sentier de ton Seigneur. Et discute avec eux de la meilleure façon. Car c'est ton Seigneur qui connaît le mieux celui qui s'égare de Son sentier et c'est Lui qui connaît le mieux ceux qui sont bien guidés.* »[5] Le Saint Coran nous dit aussi : « *Que soit issue de vous une communauté qui appelle au bien, ordonne le convenable, et interdit le blâmable. Car ce seront eux qui réussiront.* »[6] Abdou ! Ne cesse jamais d'ordonner le convenable et d'interdire le répréhensible. Le Saint Coran nous le recommande à plusieurs reprises, voici quelques-uns :

---

[5] Sourate 16, Verset 125
[6] Sourate 3, Verset 104

CHAPITRE TROIS

- ✓ *« Vous êtes la meilleure communauté qu'on ait fait surgir pour les hommes, **vous ordonnez le convenable, interdisez le blâmable** et croyez à Allah. Si les gens du Livre croyaient, ce serait meilleur pour eux, il y en a qui ont la foi, mais la plupart d'entre eux sont des pervers. »[7]*
- ✓ *« Ils croient en Allah et au Jour dernier, **ordonnent le convenable, interdisent le blâmable** et concourent aux bonnes œuvres. Ceux-là sont parmi les gens de bien. »[8]*
- ✓ *« Ceux qui suivent le Messager, le Prophète illettré qu'ils trouvent écrit (mentionné) chez eux dans la Thora et l'Evangile. **Il leur ordonne le convenable, leur défend le blâmable**, leur rend licites les bonnes choses, leur interdit les mauvaises, et leur ôte le fardeau et les jougs qui étaient sur eux. Ceux qui croiront en lui, le soutiendront, lui porteront secours et suivront la lumière descendue avec lui ; ceux-là seront les gagnants. »[9]*
- ✓ *« Accepte ce qu'on t'offre de raisonnable, **commande ce qui est convenable** et éloigne-toi des ignorants. »[10]*
- ✓ *« Les croyants et les croyantes sont alliés les uns des autres. **Ils commandent le convenable, interdisent le blâmable** accomplissent la Salât, acquittent la Zakat et obéissent à Allah et à Son Messager. Voilà ceux auxquels Allah fera miséricorde, car Allah est Puissant et Sage. »[11]*
- ✓ *« Ils sont ceux qui se repentent, qui adorent, qui louent, qui parcourent la terre (ou qui jeûnent), qui s'inclinent, qui se prosternent, qui **commandent le convenable et interdisent le blâmable** et qui observent les lois d'Allah... »[12]*

---

[7] Sourate 3, Verset 110
[8] Sourate 3, Verset 114
[9] Sourate 7, Verset 157
[10] Sourate 7, Verset 199
[11] Sourate 9, Verset 71
[12] Sourate 9, Verset 112

- ✓ « *Ceux qui, si Nous leur donnons la puissance sur terre, accomplissent la Salat, acquittent la Zakat, **ordonnent le convenable et interdisent le blâmable**. Cependant, l'issue finale de toute chose appartient à Allah.* »[13]
- ✓ Luqman, donnant conseil à son fils, lui dit : « *ô mon enfant, accomplis la Salat, **commande le convenable, interdis le blâmable** et endure ce qui t'arrive avec patience. Telle est la résolution à prendre dans toute entreprise !* »[14]

- Tous ces versets sont là pour te rappeler cette importance capitale : *Servir les autres en leur rappelant le bien et leur interdisant le mal*. Le Prophète Mouhamed (*Paix et Salut sur Lui*) nous a dit : « *Au regard de Dieu, le meilleur ami est celui qui souhaite du bien à ses compagnons, et le meilleur voisin est celui qui a le meilleur comportement avec ses voisins.* » Il (*Paix et Salut sur Lui*) a dit encore un jour à son cousin et gendre Seydina Ali (*qu'Allah l'agrée*) : « *Par Dieu, quand Dieu met par toi un seul homme sur la bonne voie, cela t'est préférable aux biens les plus précieux de ce monde (les chamelles rouges).* »

- Que Dieu nous guide et me donne la force d'aider d'autres personnes.

- Amine. Voilà Abdou, je pense avoir fait le tour de ce que j'avais à dire sur le service aux autres. Néanmoins tu peux toujours te documenter sur ce point pour parfaire tes connaissances et avoir même des exemples concrets.

- D'accord je le ferai grand maître. Comment puis-je maintenant être à mon service ?

- Être à ton service, c'est faire tout ce qui peut te permettre de vivre avec foi, honneur et dignité en respectant les principes de la

---

[13] Sourate 22, Verset 41
[14] Sourate 31, Verset 17

religion et d'être sain et sauf dans cette vie et dans l'autre. Et le fait d'être au service des autres, c'est déjà être au service de soi-même.

- Je ne saisis pas bien cette dernière phrase Maître.

- Oui mon fils, c'est *l'effet boomerang*, tout ce que tu envoies en bien ou en mal te reviendra sûrement. Si tu fais du bien pour les autres, tu récolteras du bien et parfois même doublement. *« Donnez et vous recevrez »*. Et n'oublie pas, *il reste toujours un peu de parfum sur la main qui donne des roses.* Plusieurs études ont montré que la bonté avait un effet très positif sur le système immunitaire, sur le bonheur et augmentait la production de sérotonine dans le cerveau, une substance chimique produite de façon naturelle par l'organisme pour procurer un sentiment de bonheur, de bien-être, de joie et de paix. Le simple fait de poser un acte de bonté envers une autre personne améliore le système immunitaire et stimule la production de sérotonine chez la personne qui fait l'acte, chez la personne qui reçoit l'acte et même chez l'observateur de l'acte. C'est pourquoi les bonnes personnes vivent souvent très longtemps.

- Ça devient beaucoup plus clair pour moi.

- Heureusement alors. Sais-tu que même être au service d'un ennemi c'est être à ton service ?

- Comment cela ?

- Cette histoire va te répondre, et c'est une histoire vraie.

C'était du temps de crise entre l'Irak et le Koweït. Un cadre Koweïtien a eu écho de quelques attaques qui allaient avoir lieu dans sa localité. Il est rentré de suite à la maison. Très vite, il a rassemblé à la hâte tout ce qu'il pouvait prendre parmi ses objets légers et précieux. Il a tout jeté rapidement dans la voiture et a demandé à la famille de monter : sa mère, son épouse et ses enfants, il devait fuir le plus rapidement possible vers les frontières du Sud. Le malheur avait frappé tout le monde et la peur avait envahi les cœurs. Quand il arriva dans la ville de Wafra, ville située sur la frontière de Koweït, il se trouva nez à nez avec un soldat irakien en arme. Ce qui l'étonna surtout c'est que le soldat ne leur fit rien du tout. Au contraire, il leur montra la route qui devait les mener vers l'Arabie Saoudite.

Ils s'élancèrent sur cette route. Mais avant qu'ils ne s'éloignent, sa mère lui dit : « Mon fils qu'allons-nous faire de tout ce repas que nous transportons avec nous, alors que nous entrons dans une terre d'abondance ? Pourquoi ne le donnerions-nous pas à ce pauvre soldat qui nous a si gentiment montré notre chemin ? »

Le fils entra dans une colère terrible et répliqua : « Et pourquoi devons-nous le lui donner ? Lui qui fait partie d'un groupe spécialement venu pour prendre nos vies et bafouer notre honneur ? »

La maman insista pour qu'on donne le repas au soldat isolé, contrairement à tous ceux qui étaient avec elle dans la voiture, qui voyaient en cette action une récompense pour un agresseur qui ne la méritait pas du tout.

Quand la vieille femme vit que ses paroles n'étaient pas écoutées par ses compagnons de route, elle menaça son fils de le qualifier de désobéissant, au cas où il ne ferait pas ce qu'elle avait dit.

A peine vit-il la détermination de sa mère, il fit demi-tour vers le soldat irakien. Le soldat tout d'abord cru à un piège, et leur demanda de manger sous ses yeux une partie du repas qu'ils lui offraient. Ils s'exécutèrent. Il prit alors le repas, et les surprit, quand il leur dit : « Comme vous avez si généreusement fait ce bien pour moi, prenez alors la route opposée à celle que je vous avais montré la première fois, car celle-là mène vers un champ de mines. »

CHAPITRE TROIS

Tous furent surpris par la chance qu'ils ont eue d'échapper à une mort certaine grâce à une bonne action.

- Impressionnant ! Quelle histoire inspirante, servir peut sauver une vie. Merci beaucoup maître pour tous ces éclaircissements et toutes ces belles histoires.

- Ça me fait plaisir de les partager avec toi. Ralph Waldo Emerson a dit : « *C'est une des plus belles compensations de la vie qu'aucun homme ne peut sincèrement essayer d'en aider un autre sans s'aider lui-même.* » Aider un autre, revient à s'aider soi-même, être au service des autres revient à être à son service. Le Prophète Mouhamed (Paix et Salut sur Lui) a dit : « *Quiconque soulage un croyant d'une des situations affligeantes de ce monde, Allah le Soulagera de l'une des situations affligeantes le Jour de la Résurrection. Quiconque rend les choses faciles à quelqu'un en difficulté, Allah lui rend les choses faciles dans ce monde et dans l'autre. Quiconque couvre un musulman, Allah le couvre dans ce bas-monde et dans l'autre. Allah aide son serviteur tant que celui-ci aide son frère. Celui qui parcourt un chemin à la recherche de la science, Allah lui facilite un chemin vers le Paradis. Toutes les fois que les gens se réunissent dans l'une des maisons d'Allah pour réciter le Livre d'Allah et pour l'étudier entre eux, la sérénité (divine) descend sur eux, la miséricorde les couvre, les Anges les entourent de leurs ailes et Allah les mentionne auprès de ceux qui sont près de lui (les Anges, les Prophètes et les Saints). Celui qui ne s'élève pas par son propre labeur, ce ne sont pas ses origines qui vont l'élever.* »

- J'adore ce Hadith, je vais le transcrire sur une feuille et le coller sur le mur de ma chambre pour pouvoir le relire chaque jour, il est vraiment rempli de sens.

- Oui ce serait une bonne chose. Je te le conseille vivement. C'est ça être à son service. Respecte les piliers de la religion, prie chaque jour normalement, jeûne autant que possible, donne l'aumône et la zakat, œuvre dans le bien et surtout évite autant que possible de faire des péchés. Laisse de côté tous les interdits de Dieu et fais ce qui est en tes possibilités pour Ses recommandations. Si tu fais cela, tu es au service de toi-même. Le Saint Coran nous dit : « *Et accomplissez la Salat et acquittez-vous de la Zakat. Et* **tout ce que vous avancez de bien pour vous-mêmes, vous le retrouverez auprès d'Allah**, *car Allah voit parfaitement ce que vous faites.* »[15] Multiplie tes prêts auprès de Dieu car : « *Quiconque fait à Dieu un prêt sincère, Dieu le lui multiplie, et il aura une généreuse récompense.* »[16]

- C'est noté, je vais faire autant de prêts que possible. Ce serait une grave erreur de ne pas le faire.

- Bonne chance. Mais n'oublie pas qu'être au service de soi c'est aussi prendre soin de soi-même.

- Sur ce point, j'ai encore besoin d'un peu plus d'explications.

- Si tu ne charges pas la batterie qui est en toi, tu ne pourras pas donner de l'énergie à quelqu'un d'autre. Beaucoup de personnes pensent souvent qu'il faut s'oublier complètement pour pouvoir bien être au service des autres, mais cette façon de faire conduit tôt ou tard à la catastrophe. Il faut du temps pour toi, et du temps pour les autres. *Il est nécessaire parfois de dire non temporairement pour pouvoir dire oui le restant de la vie. Il faut s'oublier pour les autres, mais aussi, il faut oublier les autres parfois pour soi.* Prends bien soin de toi pour pouvoir bien prendre soin des autres. Tu comprends bien ce que je veux dire ?

- Oui je comprends parfaitement ce que vous dites là. Cela me rappelle ce qu'on dit dans l'avion : « *En cas de problème, mettez votre masque à oxygène avant d'aider les autres.* »

---

[15] Sourate 2, Verset 110
[16] Sourate 57, Verset 11

CHAPITRE TROIS

- Exactement fiston ! Si tu ne mets pas ton masque d'abord, tu ne pourras pas aider l'autre et vous risquez de mourir tous les deux. Alors que si tu mets ton masque, donc si tu prends soin de toi, tu pourras aider l'autre à mettre son masque, et vous êtes tous les deux sauvés. Ibn Qayyim (*que Dieu l'agrée*) a dit : « *Le plus grand perdant est celui qui s'est tellement occupé des gens qu'il a oublié sa propre personne.* »

- Je comprends mieux maintenant et c'est tout à fait logique.

- Passons alors au troisième point de l'ISLAM si tu veux bien, sinon nous risquons de ne jamais finir car il y a tellement de choses à dire sur le service, que nous risquerions de passer la journée ici si nous ne nous arrêtons pas.

- Oui c'est vrai, je ferai plus de recherche sur ce point comme vous me l'avez si bien recommandé.

- Le troisième point de notre **ISLAM** correspond à la lettre **L** qui signifie **Licite** ; un autre point extrêmement important. Le seul fait de vivre de manière licite dans toutes tes actions fait de toi un vrai musulman. Vivre dans la licéité permet de te rendre "*propre*" dans toute chose. Dieu même nous recommande le licite pour nous purifier.

- Licite, c'est intéressant comme point.

- Abdou ! Il ne faut jamais manger, boire, faire, prendre que ce qui t'est licite. Sais-tu que lorsque tu voles un habit, toute prière que tu fais avec ne serait pas acceptée, ou lorsque tu manges un aliment illicite, tu manges du feu et tes prières non plus ne seront pas acceptées pendant un certain temps ? Le Prophète Mouhamed (*Paix et Salut sur Lui*) a dit : « *O gens ! Dieu est bon et Il n'accepte que ce qui est bon. Dieu a donné aux Croyants les mêmes ordres que ceux qu'Il a donnés aux Messagers. Dieu exalté a dit en effet :* « *Ô Messagers ! Mangez de ce qui est permis et pur ! Faites du bien, car Je sais parfaitement ce que vous faites.* »

ALCHIMISTE DES COEURS

(Coran : 23/51) et dit : « Ô les croyants ! Mangez des aliments purs que Nous vous avons accordés. » (Coran : 2/172). Puis il parla de tel homme qui prolonge son voyage, les cheveux en broussaille et tout couvert de poussière. Il tend cependant les mains vers le ciel en disant : « Seigneur ! Seigneur ! » alors que son manger est illicite, son boire illicite et qu'il n'a été nourri que de choses illicites. Comment donc exaucerait-Il les vœux d'un tel homme ? »

- C'est dangereux alors de se mélanger avec l'illicite.

- Très dangereux même. Tu seras interrogé sur l'origine de tes biens et de la manière dont tu les as dépensés. Donc fais bien attention, acquiers de manière licite et dépense de manière licite. Ton argent peut devenir pour toi la source d'une grande récompense auprès de Dieu ou un véritable fardeau, à toi de voir. Beaucoup de personnes s'enrichissent pour avoir un prestige, un statut social élevé, pour impressionner les autres ou pour jouer. Mais toi qui es jeune, ne tombe pas dans ce piège de la société. Acquiers de l'argent dans le seul but de nourrir ta famille, servir, aider et dépenser dans le chantier d'Allah. Et ne sois jamais pressé dans la vie, ce qui t'est prédestiné te parviendra sûrement, sans aucun doute ; *ne gâche pas alors ton honneur en l'obtenant de manière illicite*. Le bien mal acquis ne profite jamais ! Dieu nous dit dans le Saint Coran : *« ô gens ! De ce qui existe sur la terre, mangez le licite et le pur ; ne suivez point les pas du diable car il est vraiment pour vous, un ennemi déclaré. »*[17] Il a dit aussi : *« Mangez donc de ce qu'Allah vous a attribué de licite et de bon. Et soyez reconnaissants pour les bienfaits d'Allah, si c'est Lui que vous adorez. »*[18]

Je comprenais bien le sens de cette mise en garde car beaucoup de personnes de nos jours ne veulent pas travailler pour gagner leur

---

[17] Sourate 2, Verset 168
[18] Sourate 16, Verset 114

CHAPITRE TROIS

vie, ils veulent devenir très riches rapidement et facilement. Ce qui fait qu'elles volent, détournent l'argent public, agressent les gens, truandent. La plupart des gens sont dans une course effrénée.

- L'illicite est devenu tellement banal de nos jours qu'on arrive même à penser que c'est du licite. Alors que le Prophète Mouhamed (*Paix et Salut sur Lui*) nous a dit : « *Les choses licites sont bien définies et les choses interdites sont bien définies. Entre les deux il y a des choses équivoques que peu de gens connaissent. Celui qui s'est mis à l'abri des choses équivoques a tout fait pour blanchir sa foi et sa réputation et celui qui s'y est laissé tomber est tombé dans les choses interdites, tel le berger qui ne cesse de faire paître ses troupeaux autour du domaine (du roi). Il n'est donc pas loin de l'empiéter. Sachez que chaque roi a son domaine réservé et sachez que les domaines réservés de Dieu sont Ses interdits. Sachez que dans le corps humain il y a une bouchée de viande. Quand cette bouchée est bonne, tout le corps est bon ; et quand elle est devenue mauvaise, tout le corps le devient. Sachez que cette bouchée est le cœur.* » Délaisse alors tout ce qui est douteux au profit de ce qui ne l'est pas. Il est raconté qu'Abû Bakr Assidiq (*qu'Allah l'agrée*) a mangé un jour, sans le savoir, quelque chose dont l'origine était équivoque. Quand il en prit connaissance, il plaça sa main dans sa bouche et la vomit. Abandonne carrément les choses illicites. Et essaie de ne jamais faire partie de ceux que Dieu décrit dans ce verset.

- Quel verset ? Lui demandai-je, juste pour lui montrer que je suivais avec attention ce qu'il disait.

- C'est celui-là : « *Et tu verras beaucoup d'entre eux se précipiter vers le péché et l'iniquité, et manger des gains illicites. Comme est donc mauvais ce qu'ils œuvrent !* »[19]

---

[19] Sourate 5, Verset 62

ALCHIMISTE DES COEURS

- Que Dieu nous préserve d'être de ce genre de personnes, invoquais-je.

Il s'arrêta de parler un instant et garda le silence comme s'il voulait que je sois entièrement imprégné de ce qu'il était en train de dire. À entendre le ton de sa voix, on pouvait en déduire que c'était un sujet qui lui tenait vraiment à cœur et que ça lui faisait mal de voir les gens autant versés dans l'illicite. Il fut un moment où je faisais partie de ce lot car je ne faisais que ce qui était interdit tout en pensant que ce n'était grave. Je m'étais complètement égaré, mais heureusement que Dieu avait mis sur mon chemin cette personne généreuse et remplie de sagesse qui m'a bien ouvert les yeux sur beaucoup de sujets. Je ne saurais jamais le remercier à sa juste valeur, je ne saurais jamais remercier mon père de m'avoir confié à lui et je ne saurais jamais remercier Dieu aussi pour cette grâce qu'Il m'avait accordée. Je pris le serment de faire tout ce qui m'était possible et même ce qui était au-delà de mes possibilités pour mériter cette grâce. Je lui posai cette question pour un peu briser le silence : « Comment puis-je faire pour abandonner ce qui est illicite ? »

- Excellente question ! Te cantonner à faire seulement que ce qui est licite te détourne de qui est illicite. Ne fais que ce qui est licite et abandonne résolument l'illicite et tout ce qui est douteux. Sais-tu que beaucoup de pieux ont même abandonné des choses licites pour ne pas tomber dans l'illicite ?

- Ah bon ? Je ne savais pas. Eclairez-moi.

- Oui ! Abû Darda (*qu'Allah l'agrée*) a dit : « *La parfaite piété consiste pour le serviteur à craindre Dieu dans les moindres détails. Il en est ainsi lorsqu'il renonce à une chose licite craignant qu'elle ne soit illicite, mettant ainsi un voile entre lui et l'illicite.* »

- Je pense connaître une histoire qui colle bien avec ce que vous venez de dire.

CHAPITRE TROIS

- Sérieusement ? Raconte-moi vite, on dirait que tu renoues avec les histoires maintenant, je t'écoute.

- Il est raconté que Seydi El Hadji Malick Sy (*qu'Allah l'agrée*) avait arrêté de prendre de la viande et du lait de vache, il disait qu'il ne savait pas si la vache avait brouté dans le champ d'un autre ou pas.

- Quelle sagesse ! Je vais m'en rappeler toute ma vie. Ça montre en même temps qu'il me reste encore beaucoup de chemin à faire car moi je prends toujours du lait et de la viande de vache. Cela me rappelle cette pensée d'Al-Hassan al-Basrî (*qu'Allah l'agrée*) : « *La piété a fait tant et si bien que les pieux ont abandonné beaucoup de choses licites par crainte de l'illicite.* » Sais-tu que le fait de manger des aliments de provenance illicite rend malade ?

- Vraiment ? Je ne savais pas que c'était grave à ce point pour l'organisme.

- Beaucoup de personnes sont malades de nos jours à cause des choses illicites qu'ils ne cessent de manger. Et le fait de manger des aliments illicites te rend paresseux dans l'accomplissement des services de Dieu. Un homme de lettres a dit ceci : « *La nourriture est la semence des actes. Si on en consomme ce qui est licite, il en ressortira des actes licites. Si on en consomme ce qui est illicite, il en ressortira des actes illicites. Et si on en consomme ce qui est équivoque, il en ressortira des actes équivoques.* » Je crois sincèrement à ces paroles. Ne touche que ce qui est licite, ne regarde que ce qui est licite, n'écoute que ce qui est licite, n'entends que ce qui est licite, ne dis que ce qui est licite, ne marche que vers ce qui est licite, ne dirige tes pensées que vers ce qui est licite, et, ta vie sera licite.

- Pouvez-vous s'il vous plaît développer un peu sur chacun de ces points ? Lui demandai-je, très intéressé par ce qu'il était en train de dire.

ALCHIMISTE DES COEURS

- Patience mon cher ! Patience ! Me dit-il avec un léger sourire. Ça me fait plaisir quand même de te voir attentionné par ce que je suis en train de te dire car celui qui parle souhaite être entendu. Par ta main, ne touche que ce qui est licite signifie de ne jamais t'approcher de ce qui ne t'es pas licite. Ne vole jamais, ne fais jamais du mal à quelqu'un par ta main, utilise ta force pour aider les autres et non pas pour semer la terreur, ne touche jamais une femme qui ne t'est pas légale. N'écris jamais quelque chose de mauvais.

Que tes yeux ne regardent que ce qui est licite. Je sais que ce n'est pas du tout facile de nos jours, surtout dans ce monde rempli de tentations. C'est la raison pour laquelle les villages regorgent plus de saints que certaines grandes villes car il y a moins de tentation là-bas. Mais essaie toujours de détourner de ton regard tout ce qui t'est interdit. Ne lance jamais aussi un regard méprisant envers quelqu'un. On demanda à Jounaïd (*qu'Allah l'agrée*) : « Comment vaincre l'envie de regarder ce qui est interdit ? – Vous y parvenez, dit-il, quand vous êtes sûr que l'œil de celui qui vous contrôle est plus prompt à vous voir que le vôtre à regarder ! »

Par ta bouche ne prononce que ce qui est licite. Il est tellement préférable de passer du temps à faire des évocations et à réciter le Saint Coran que de dire des paroles obscènes. Ne prononce jamais d'injures, ne fais jamais une promesse que tu ne pourras pas tenir. Évite de mentir. Évite la médisance, la calomnie et la délation, elles sont répugnantes. Dieu le Très Haut a dit : « ... *Ne médisez pas les uns des autres. Est-ce que l'un de vous aimerait manger la chair du cadavre de son frère ? Cela vous répugne évidemment. Craignez pieusement Dieu ! Dieu agrée toujours le retour des repentis et Il est infiniment miséricordieux.* »[20] Ta langue est tellement dangereuse que Dieu lui a donné deux groupes de

---

[20] Sourate 49, Verset 12

gardiens : *les dents et les lèvres.* Le Prophète Mouhamed (*Paix et Salut sur Lui*) a dit : « *Celui qui croit en Dieu et au jour dernier, qu'il dise une bonne chose ou se taise.* » Garde bien ta langue ! Le Prophète Mouhamed (*Paix et Salut sur Lui*) fut interrogé un jour sur les causes qui font entrer au Paradis. Il (*Paix et Salut sur Lui*) dit : « *La crainte de Dieu et la bonne moralité* ». On l'interrogea de même sur celles qui mènent en Enfer et il (*Paix et Salut sur Lui*) dit : « *La bouche et le sexe.* »

- Que Dieu nous guide vers le droit chemin.

- Amine mon fiston ! Serigne Touba (*qu'Allah l'agrée*), dans *le Viatique à la jeunesse*, recommande ceci :

« *Quant à la langue, préservez-la toujours de huit infirmités - que la Bonne Guidée vous soit accordée ! – A savoir :* **le mensonge, la médisance, la polémique, la controverse, la moquerie, manquer à sa promesse, les écarts de langage des créatures, la vanité**, *selon la Parole (le Coran) de la Vérité (DIEU). Car les propos du SEIGNEUR dans celle-ci (la Parole) ne sont point équivoques dans la sourate "Les Étoiles" (S.53 V.32) "Ne vous louez pas." Et d'autres (infirmités) en dehors de celles-ci, comme la plaisanterie et le fait de prononcer à l'encontre de quelqu'un l'anathème et la malédiction.* »[21]

Écoute bien ces conseils et tu seras bien guidé. Par tes oreilles n'écoute que ce qui est licite. N'écoute pas les calomnies et les médisances. Ne prête jamais attention aux futilités. Dieu le Très-Haut a dit : « *Et quand ils entendent des futilités, ils s'en détournent et disent : "A nous nos actions, et à vous les vôtres. Paix sur vous. Nous ne recherchons pas les ignorants".* »[22] Il a dit aussi : « *Bienheureux sont certes les croyants. Ceux qui sont humbles dans leur Salat.* **Qui se détournent des futilités**. »[23] Donc

---

[21] Viatique de la jeunesse, vers 655 à 659
[22] Sourate 28, Verset 55)
[23] Sourate 23, Verset 1 à 3

éloigne-toi toujours de ces futilités pour ne pas les écouter et ne marche que vers ce qui est licite.

- Merci pour ces éclaircissements, c'est bien compris.

- Le Prophète Mouhamed (*Paix et Salut sur Lui*) a dit : « *Il a été écrit pour le fils d'Adam sa part d'adultère qu'il doit commettre sans aucun doute :*

- ✓ *Les deux yeux, leur adultère est le regard.*
- ✓ *Les deux oreilles, leur adultère est l'audition.*
- ✓ *La langue, son adultère est le parler.*
- ✓ *La main, son adultère est de s'emparer par force de ce qui ne lui appartient pas.*
- ✓ *Le pied, son adultère est de marcher vers les endroits interdits.*
- ✓ *Le cœur penche et souhaite et c'est le sexe qui obéit à ses penchants ou qui les fait mentir.* »

Donc évite tous ces adultères et ne fréquente jamais les lieux condamnés par Dieu, reste à Son seul service. Le Prophète Mouhamed (*Paix et Salut sur Lui*) a dit : « *Jamais le Feu ne touchera celui dont les pieds se sont couverts de poussière au service de Dieu.* » Voilà l'explication que tu avais demandée. Je pense que j'ai été assez clair.

- Oui c'est vraiment très clair.

- C'est très bien alors. Mais n'oublie pas ce jour qui viendra : « *Le jour où leurs langues, leurs mains et leurs pieds témoigneront contre eux de ce qu'ils faisaient. Ce Jour-là, Allah leur donnera leur pleine et vraie rétribution ; et ils sauront que c'est Allah qui est le Vrai de toute évidence.* »[24] Rappelle-toi toujours ce jour-là Abdou, tes membres témoigneront de toi : « *Ce jour-là, Nous scellerons leurs bouches, tandis que leurs mains Nous parleront et que leurs jambes témoigneront de ce qu'ils avaient accompli.* »[25]

---

[24] Sourate 24, Versets 24 et 25

CHAPITRE TROIS

« Et le jour où les ennemis d'Allah seront rassemblés en masse vers le Feu...Puis on les poussera [dans sa direction]. Alors, quand ils y seront, leur ouïe, leurs yeux et leurs peaux témoigneront contre eux de ce qu'ils œuvraient. Ils diront à leurs peaux : "Pourquoi avez-vous témoigné contre nous ?" Elles diront : "C'est Allah qui nous a fait parler, Lui qui fait parler toute chose. C'est Lui qui vous a créés une première fois et c'est vers Lui que vous serez retournés". Vous ne pouvez-vous cacher au point que ni votre ouïe, ni vos yeux et ni vos peaux ne puissent témoigner contre vous. Mais vous pensiez qu'Allah ne savait pas beaucoup de ce que vous faisiez. Et c'est cette pensée que vous avez eue de votre Seigneur, qui vous a détruits, de sorte que vous êtes devenus du nombre des perdants. S'ils endurent, le Feu sera leur lieu de séjour ; et s'ils cherchent à s'excuser, ils ne seront pas excusés. »[26] Vis avec chacun de tes membres de façon licite.

- Que Dieu nous préserve du feu de l'enfer, priais-je, terrifié par ce que je venais d'entendre.

- Amine mon fils, Amine. Sache que : jamais au plus grand jamais l'illicite ne deviendra licite. Je vais te raconter une histoire encore :

Un jour, alors que l'éminent maître et savant Cheikh Abdou Khadr Djélani (*qu'Allah l'agrée*) était assis avec ses disciples, un nuage lumineux dans le ciel apparut ! Et une voix du ciel lui cria : « *Je suis ton Seigneur, je suis satisfait de toi, je t'autorise tout, tu peux t'adonner à l'illicite ou t'interdire le licite.* » Ce grand maître était anéanti en Dieu, son ego était mort. Ce connaisseur, sûr de lui, répondit aussitôt : « *Dis : je suis Allah* », on n'entendit plus la voix un moment, et il continua : « *Maudit sois-tu, tu es Satan* », le nuage devient noir, et la voix reprit : « *Tu as été sauvé par Ta science, Abdou Khadr !* »

---

[25] Sourate 36, Verset 65
[26] Sourate 41, Versets 19 à 24

ALCHIMISTE DES COEURS

Un disciple posa alors la question : « *Mais, mon maître comment tu as fait pour déceler la vérité sur ce nuage et cette voix ?* »

Abdou Khadr Djélani (*qu'Allah l'agrée*) répondit : « D'abord, personne parmi les créatures ne pourra se permettre de s'appeler par le Nom suprême d'Allah, sinon il sera brûlé, et le nuage n'a pas pu se prendre pour Allah, mais simplement pour un Seigneur. Je me suis rappelé, grâce à Dieu le verset : « *Il n'a pas été donné à un mortel qu'Allah lui parle autrement que par révélation, ou de derrière un voile, ou qu'Il [lui] envoie un messager (Ange) qui révèle, par Sa permission, ce qu'Il [Allah] veut. Il est Sublime et Sage* » Sourate 42, verset : 51 ». Enfin, *Dieu n'aurait pas rendu licite ce qui est illicite ou illicite ce qui est licite.* »

- C'est bon à savoir, c'est bien noté.

- Je vais aborder rapidement le quatrième point de notre *ISLAM* : la lettre *A* est là pour te rappeler l'importance de l'*Apprentissage*. Sois un éternel étudiant. Dieu dit dans le Saint Coran : « *Dis : « Est-ce que ceux qui savent et ceux qui ne savent pas ont la même valeur ? »*[27]

- Évidemment ils n'ont pas la même valeur, répondis-je.

- Comment as-tu fait pour devenir ingénieur ?

- J'ai fait une formation de cinq années après le baccalauréat.

- Intéressant ! Et combien d'années d'études as-tu fait avant d'arriver au baccalauréat ?

- Treize années je crois.

- Ce qui fait au total dix-huit années d'études pour pouvoir devenir ingénieur. Si tu n'avais pas fait ces dix-huit années d'étude, penses-tu vraiment que tu serais un ingénieur aujourd'hui ?

---

[27] Sourate 39, Verset 9

CHAPITRE TROIS

- Non ! Non ! Sans ces années de formation je ne pourrais jamais devenir ingénieur.

- Tu vois donc l'importance de l'apprentissage, de l'éducation et de la recherche du savoir. Sans la connaissance, tu ne seras pas respecté dans la vie.

- Vous avez parfaitement raison, un de nos professeurs avait l'habitude de nous dire cela.

- Il avait absolument raison. Si tu ne connais pas ce que tu dois faire comment penses-tu pouvoir le faire ? La connaissance c'est la base de toute chose, c'est le fondement sur lequel va reposer le château que tu vas construire. Si la base n'est pas assez solide, aussi joli soit ton château, il va s'écrouler tôt ou tard. Toi qui es électricien par exemple, si tu ne connais rien de l'électricité comment veux-tu vouloir la pratiquer ?

- C'est impossible ! C'est même un vrai risque pour la personne et pour tout le monde car rapidement elle peut créer un danger, un court-circuit ou une bombe à retardement sans le savoir.

- Tu as bien saisi là où je voulais en venir sur l'importance de l'apprentissage. Tu vois mon fils, comme cet électricien qui ne connaît pas électricité, comment veux-tu adorer ton Seigneur si tu ne sais pas comment le faire ? Tu veux prier mais tu ne connais même pas comment le faire, comment commencer la prière, comment la terminer et tout le déroulement. Et pour savoir tout cela il faut apprendre. Le premier mot du Saint Coran montre même cette importance de l'apprentissage : « *Lis !* »[28] Si Dieu demande au Prophète Mouhamed (*Paix et Salut sur Lui*), qui est la connaissance personnifiée même de dire : « *Et dis : « Seigneur ! Donne-moi encore plus de savoir.* »[29], que dire de nous alors ? La recherche de la connaissance est une obligation pour tout le monde

---

[28] Sourate 96, Verset 1
[29] Sourate 20, Verset 114

ALCHIMISTE DES COEURS

et c'est depuis le berceau jusqu'au tombeau comme le recommande le Prophète Mouhamed (*Paix et Salut sur Lui*). Te rappelles-tu le Hadith qui parlait de soulager un croyant d'une situation difficile ?

- Oui je me rappelle, je l'avais noté. Ça disait ceci : « *Quiconque soulage un croyant d'une des situations affligeantes de ce monde, Allah le soulagera de l'une des situations affligeantes le Jour de la Résurrection. Quiconque rend les choses faciles à quelqu'un en difficulté, Allah lui rend les choses faciles dans ce monde et dans l'autre. Quiconque couvre un musulman, Allah le couvre dans ce bas-monde et dans l'autre. Allah aide son serviteur tant que celui-ci aide son frère. Celui qui parcourt un chemin à la recherche de la science, Allah lui facilite un chemin vers le Paradis. Toutes les fois que les gens se réunissent dans l'une des maisons d'Allah pour réciter le Livre d'Allah et pour l'étudier entre eux, la sérénité (divine) descend sur eux, la miséricorde les couvre, les Anges les entourent de leurs ailes et Allah les mentionne auprès de ceux qui sont près de lui (les Anges, les Prophètes et les Saints). Celui qui ne s'élève pas par son propre labeur, ce ne sont pas ses origines qui vont l'élever.* »

- Je suis vraiment très fier de toi, je me rends compte que mes paroles ne sont pas tombées dans l'oreille d'un sourd. Puisse Dieu augmenter ta connaissance et ta sagesse, faire de toi un fidèle serviteur et un véritable *Alchimiste des Cœurs*.

- Amine ! Amine ! Je ne souhaite que cela.

J'étais très fier de moi et encore plus motivé.

- Le passage qui m'intéresse dans ce Hadith est : « ***Celui qui parcourt un chemin à la recherche de la science, Allah lui facilite un chemin vers le Paradis*** ». Le seul fait de rechercher la science est un bien énorme car cela te facilite ton chemin vers le Paradis. Le Prophète Mouhamed (*Paix et Salut sur Lui*) a dit encore dans un autre Hadith : « *Celui qui prend un chemin à la*

CHAPITRE TROIS

recherche d'une science, Dieu lui facilite une voie vers le Paradis. Les Anges abaissent leurs ailes (par humilité) devant le chercheur de science en signe de satisfaction de ce qu'il a fait. Tous les habitants des cieux et de la terre, jusqu'aux poissons dans l'eau prient pour l'absolution du savant. La supériorité du savant par rapport au dévot est égale à la supériorité de la lune par rapport à l'ensemble des étoiles. Les savants sont les héritiers des Prophètes. Or les Prophètes n'ont laissé en héritage ni dinar, ni dirham mais ils ont laissé la science. Celui qui la recueille a recueilli une part énorme. » N'est-ce pas une belle motivation pour apprendre et rechercher le savoir continuellement ?

- Oui Maître, c'est très motivant, je serai un éternel étudiant.

- Ce qui est intéressant dans la connaissance, c'est que plus tu la recherches, plus tu deviens ignorant et plus tu as envie d'apprendre encore. Et plus tu connais, plus Dieu t'élève en degré. Dieu dit dans le Saint Coran : *« Dieu élèvera de plusieurs degrés ceux d'entre vous qui auront cru et qui auront reçu le savoir. »*[30]

- C'est très encourageant.

- En effet. Crains-tu l'électricité ? Me demanda-t-il, me regardant droit dans les yeux.

- Bien sûr que oui, c'est l'une des choses que je crains le plus au monde. Je ne badine même pas avec l'électricité, c'est pourquoi je prends toujours toutes les précautions nécessaires quand je travaille.

- C'est tout à fait normal, puisque tu connais les risques, les dangers de l'électricité et ses effets aussi. En une phrase, tu connais bien l'électricité. C'est à peu la même chose en ce qui concerne ton Seigneur, plus tu augmentes ta connaissance envers ton Seigneur, plus tu l'aimes, plus tu l'adores et plus tu le crains. C'est pourquoi Dieu nous dit aussi dans le Saint Coran : *« Seuls*

---

[30] Sourate58, Verset 11

craignent Dieu, de tous Ses esclaves, les savants. »[31] Fais partie des savants, c'est tout ce que je te demande.

Ce qu'il était en train de me dire était tellement limpide et logique, qu'il était impossible de ne pas s'y soumettre. On dirait un scientifique qui faisait une démonstration par analogie.

- Et sache qu'il n'est jamais trop tard pour rechercher le savoir, mais toi qui es encore jeune, profite en bien pour en acquérir le maximum car la jeunesse est le moment propice pour tout apprentissage. Apprendre en étant jeune c'est comme graver quelque chose sur un rocher, elle restera presque durant tout le restant de ta vie. Alors qu'un vieillard qui apprend c'est comme vouloir écrire sur la surface de l'eau ; dès que tu enlèves ta main l'écriture disparait. Ne reste jamais une journée sans avoir augmenté ton savoir même si c'est d'une seule lettre. Garde toujours ta tasse vide mon fils. Le savoir vivifie les cœurs et il est une lumière qui éclaire et montre le chemin. Un homme de science a déjà dit : « *Et le savoir est pour l'âme, une lumière par laquelle elle se dirige vers les vérités profondes, à l'image de la lumière pour l'œil.* » Et à chaque fois que tu reçois une parcelle de connaissance, mets-toi à l'application immédiatement. C'est ce qui fait qu'elle reste. Tu as vu, même durant tes cinq années de formation, tu as eu à faire des travaux pratiques et des stages pour mettre en pratique ce que tu as appris. Cela ne sert à rien d'avoir une somme de connaissances non appliquées. Il faut plutôt avoir une qualité de connaissance appliquée. Sois conscient aussi que la recherche de la connaissance n'est pas chose aisée, il te faudra beaucoup de sacrifices, comme ce que tu as si vaillamment fait ce matin pour monter au sommet de cette montagne. Serigne Touba (*qu'Allah l'agrée*) a donné des conseils intéressants par rapport à cela. Il (*qu'Allah l'agrée*) a dit :

---

[31] Sourate 35, Verset 28

CHAPITRE TROIS

« Sache que la connaissance est ardue, on ne l'acquiert qu'en s'abstenant des palabres. Nul n'en acquerra jamais une partie, s'il ne lui dispose pas son tout, sois persévérant ! Dispense-lui donc sans réticence ton tout, veille tes nuits et endure la faim. Affronte la soif, ta journée durant, pour cela ; fais peiner chacun de tes membres, tout cela avec politesse, pour l'acquérir. Celui qui ne la recherche pas dans de telles conditions, n'en jouira pas assez, c'est ainsi que cela a été rapporté. »

Voilà de très bons conseils pour toi, si tu les suis, tu seras bien guidé.

- Je tâcherai de les suivre Maître, ne vous inquiétez pas !

- Un autre point dont je voulais te parler sur l'apprentissage c'est la *transmission*. Tâche de transmettre aux autres tout ce que tu apprends comme je suis en train de le faire avec toi. La connaissance est la seule chose qui évolue lorsqu'on la partage. Le Prophète Mouhamed (*Paix et Salut sur Lui*) nous a recommandé de transmettre de sa part ne serait-ce qu'un seul verset. Il (*Paix et Salut sur Lui*) a dit aussi : « *L'image de ce que Dieu a envoyé avec moi comme bonne direction et science est celle d'une pluie bienfaisante qui a atteint une terre. Une partie de cette terre était fertile. Elle absorba l'eau et fit pousser le fourrage et l'herbe en abondance. Une autre partie était stérile mais retint l'eau dont Dieu fit profiter les gens qui en burent et en abreuvèrent leurs bêtes et leurs champs. Une autre partie était plate et perméable, ne retenant pas l'eau et ne faisant pousser aucune herbe. La première image est celle de quelqu'un qui a bien assimilé les sciences de la religion de Dieu et a tiré profit de ce que Dieu a envoyé avec moi.* **Il s'instruisit et enseigna.** *La deuxième image est celle de quelqu'un qui a retenu la science sans en profiter lui-même et sans accepter la bonne direction qui a fait l'objet de ma mission.* »

Il (*Paix et Salut sur Lui*) a aussi dit : « *Dieu, Ses Anges, les habitants des cieux et de la terre jusqu'à la fourmi dans son trou et les poissons prient sûrement pour ceux qui enseignent le bien aux autres.* » Donc, prends la peine d'enseigner aux autres ton savoir car cela ne le diminue en rien et au contraire te donne des bienfaits et augmente ta compréhension.

- Je transmettrai autant que possible tout ce que je sais, je vous le promets.

- Le théologien américain Tyron Edwards a dit : « *Si vous parvenez à connaître quelque chose à fond, enseignez-le aux autres.* »

- Il a raison.

- Le dernier point que je voulais aborder avec toi concernant l'*apprentissage* et la recherche de la connaissance c'est d'éviter d'attraper la maladie la plus dangereuse actuellement et qui, malheureusement, a contaminé beaucoup de personnes.

Il garda le silence un instant, comme s'il voulait que je sois entièrement concentré sur ce qu'il allait dire.

- C'est quelle maladie Maître ? Lui demandai-je.

- C'est la maladie de l'*infobésité*.

- *L'infobésité* ? C'est la première fois que j'entends parler de cette maladie.

- L'infobésité c'est littéralement : « *être obèse en informations inutiles* ». Vois-tu, la quantité d'informations produites durant ces trente dernières années est largement supérieure à la somme de toute l'information produite depuis le Moyen-Âge et si tu ne fais pas attention, tu perdras beaucoup de temps et d'énergie sur des informations qui ne t'intéressent pas trop. L'information est tellement disponible aujourd'hui, à portée de main, qu'il est facile d'attraper ce virus. Toute information est utile pour quelqu'un quelque part, mais toi prends ce qui t'intéresse, ce qui est vraiment nécessaire et important pour toi, ensuite abandonne-toi à cela uniquement pour éviter de te disperser. Comme je te l'ai déjà dit considère que *tout ce qui n'est pas nécessaire est inutile*. Ibn Abass (*qu'Allah l'agrée*) a dit : « *La science n'a pas de limite, prenez donc la meilleure des choses.* » Un sage a aussi dit : « *En délaissant ce qui ne t'intéresse pas, tu obtiendras ce qui t'est utile.* » Il faut savoir trouver l'information utile et aussi la bonne information. Il y a tellement d'informations disponibles et pourtant qui ne sont pas authentiques, fais très attention. L'infobésité te guette chaque jour, chaque instant, essaie de ne pas l'attraper.

Voilà ce que j'avais à te dire sur l'apprentissage, c'est un sujet trop vaste et il nous reste un dernier point à voir.

Je regardais ma montre et voyais qu'il était presque dix-sept heures, je n'avais même pas senti l'heure filer tellement ce qu'il disait était intéressant et attirant.

- Passons au dernier point de notre **ISLAM**, la lettre **M**. Devine ce que ça peut être ? Je te donne trente secondes, si tu trouves, tu auras une belle récompense. Dit-il avec un léger sourire.

Je commençais alors à réfléchir. Qu'est-ce donc ce fameux M ? Je finis par dire : « Méditation » ?

- Non

- Mémoire ?

- Encore raté

- Mariage ?

- Encore raté. Oh c'est dommage Abdou, tu as perdu ton cadeau, dit-il souriant. Le *M* signifie : *Maîtrise* pour te rappeler l'importance de maîtriser tout ce qui peut gâcher ta vie. Il faut être maître de ta vie. Tu vois, la maîtrise résume tous les quatre points que nous avons abordés depuis tout à l'heure. Si tu as la maîtrise nécessaire, tu sauras où investir ton énergie, ton temps, ton argent et comment l'investir. Si tu as la maîtrise qu'il faut, tu seras à ton service car tu ne feras rien qui pourrait te nuire et tu seras aussi au service des autres car tu ne les nuiras jamais et au contraire tu leur apporteras de l'aide et du soutien. Si tu as la maîtrise, jamais tu ne mangeras et tomberas dans l'illicite. Et si tu as la maîtrise, tu seras un éternel étudiant et tu auras la discipline nécessaire pour apprendre seulement ce qui est utile.

- C'est bien résumé, vous avez totalement raison, la maîtrise résume tout cela.

- Se maîtriser revient à agir de la meilleure manière possible pour se mettre à son service. Le manque de maîtrise est la cause certaine de la perte car tu vas développer des habitudes qui ne respectent pas les normes et laissent libre cours à tes passions et pulsions. Tu vas ruiner ta santé comme tu vas gâcher ton bonheur ici-bas et dans l'autre monde. Chaque action que tu entreprends a des conséquences dans ta vie, que ça soit en positive ou en négative, c'est l'effet boomerang dont je t'ai parlé tout à l'heure. Aie la maîtrise nécessaire pour t'écarter de tout ce qui est acte de désobéissance à Dieu. Pour Sénèque : « *Se maîtriser soi-même est la plus grande des maîtrises* ». Au grand philosophe Confucius d'ajouter : « *Les personnes de valeur cherchent personnellement à devenir plus fortes.* » La maîtrise t'apporte le bonheur à coup sûr. Elle t'empêche d'être nerveux, impulsif et anxieux. Tu deviens avec la maîtrise une personne calme, inébranlable, consciente et sereine. Dans ce monde rythmé et presque infernal, avoir la maîtrise devient un atout favorable. Le grand savant Imam Ibn al-Qayyim (*qu'Allah l'agrée*), a dit : « *Lorsqu'un homme (ou une femme) contrôle son tempérament et ses désirs et se dirige vers ce à quoi la religion l'incite, il trouve le véritable royaume, il a atteint la vraie liberté. D'un autre côté, un roi qui donne libre cours à tous ses désirs et excès de tempérament devient leur esclave, il est guidé par eux deux. Seul le fou se concentre à tort sur ces deux éléments, tandis que sa réalité est la servitude.* »

CHAPITRE TROIS

- Avoir une pleine maîtrise, c'est alors avoir la vraie liberté ? Lui demandai-je.

- Oui mon fils, ça peut sembler paradoxal mais la vraie liberté ne s'acquiert que par la parfaite maîtrise de soi. Mais ne pense pas que la maîtrise est acquise une bonne fois pour toutes, c'est une lutte perpétuelle que tu dois mener contre toi-même. Il est vrai que le patrimoine génétique joue beaucoup sur la personne mais cela ne veut pas dire que nous ne pouvons pas changer notre comportement. Travailler sur soi afin d'acquérir la maîtrise est une activité qu'on peut démarrer à tout âge, c'est valable pour toi comme pour moi. N'oublie pas ce qu'a dit Jim Rohn : « *Nous devons tous souffrir de l'une de ces deux choses : la douleur de la discipline ou la douleur du regret et de la déception.* »

- Personnellement, je préfère souffrir de la douleur de la discipline.

- Tout comme moi. Se maîtriser ou se laisser aller à ses passions constitue un choix quotidien entre le bien et le mal. Il est nécessaire de réaliser à chaque fois une analyse intérieure et une prise de conscience, lutter contre ses passions et reprendre le pouvoir. Maîtrise tes impulsions et ta passion, surtout en tant que jeune : « *Tout le monde voit dans la jeunesse une excuse pour satisfaire ses jouissances* ». Ne laisse pas ta raison devenir prisonnière de tes passions ; cela te mènera à ta perte. Maîtrise tes désirs : « *Le meilleur des combats est le combat contre les passions* » disait Hassan Al Basri (*qu'Allah l'agrée*). Le Prophète Mouhamed (*Paix et Salut sur Lui*) a dit : « *Le sage est celui qui se demande des comptes à lui-même et qui agit en vue de ce qui vient après la mort. Et l'incapable est celui qui se laisse guider par ses passions tout en nourrissant au sujet de Dieu de vains espoirs.* » C'est vrai que le travail de la maîtrise en soi est difficile, surtout au commencement. Donc, si tu fais des faux pas au début, repends-toi simplement, demande à Dieu de te pardonner et de te renforcer.

ALCHIMISTE DES COEURS

Dieu nous dit dans le Saint Coran : « *Et pour ceux qui, s'ils ont commis quelque turpitude ou causé quelque préjudice à leurs propres âmes (en désobéissant à Allah), se souviennent d'Allah et demandent pardon pour leurs péchés - et qui est-ce qui pardonne les péchés sinon Allah ? - Et qui ne persistent pas sciemment dans le mal qu'ils ont fait. Ceux-là ont pour récompense le pardon de leur Seigneur, ainsi que les Jardins sous lesquels coulent les ruisseaux, pour y demeurer éternellement. Comme est beau le salaire de ceux qui font le bien !* »[32]

- D'accord Maître. Que de belles recommandations !

- Continue toujours ta lutte jusqu'à ce que la maîtrise en soi devienne pour toi un style de vie, une habitude pour toi, une chose naturelle. Elle donne une vraie hygiène de vie. Quelqu'un a dit : « *Pique-toi si tu t'enorgueillis, le fort c'est celui qui se maîtrise, et reste bon pratiquant.* »

- J'essaierai d'être fort.

Il hocha la tête et continua : « Maîtrise ton sommeil ; trop dormir rend paresseux. Maîtrise aussi ton manger, trop manger rend malade et paresseux aussi. Un poète versifia :

Si l'homme donne à son âme tout ce qu'elle désire.

Et ne l'arrête point, elle aspire à tout ce qui est vain.

Elle lui procure le péché et le déshonneur par l'appât du plaisir immédiat. »

- De très belles paroles.

- Oui, en effet ! De nos jours les gens qui essaient de contrôler leur désir sont taxés de fous et de peureux par les autres. Ne prête pas oreille à ça ! Maîtrise ta colère ; une colère qui dure ne sert à rien et, au contraire, te détruit lentement. Le Prophète Mouhamed (*Paix et Salut sur Lui*) a dit : « *Le fort n'est pas celui qui terrasse*

---

[32] Sourate 3, Versets 135 –136

CHAPITRE TROIS

ses adversaires, mais seul est fort celui qui se maîtrise dans la colère. » Maîtrise ta colère alors et aie la maîtrise nécessaire pour ne pas faire du tort à quelqu'un d'autre ; ta force doit être seulement utilisée pour aider et non pour faire du tort. Écoute cette histoire, la dernière pour aujourd'hui :

« *Les histoires traditionnelles rapportent qu'un homme, ayant un certain nombre d'enfants, est resté trois nuits sans nourriture pour sa famille, tellement il était pauvre. Son épouse exténuée par la misère, lui conseilla de se diriger vers la mer, peut-être y trouverait-il quelques pitances.*

L'homme, armé de son filet de pêche, se dirigea vers l'océan.

Pendant des heures et des heures, il jeta le filet dans l'eau. À chaque fois il le retirait vide de tout poisson.

Quand le soleil fut sur le point de se coucher, le pauvre homme sentit comme un poids énorme qui pesait dans son filet. Il se mit fiévreusement à le retirer de l'eau. Tout son dernier espoir était dans ses bras affaiblis par les longues nuits de faim.

Sa surprise fut sans limite, quand ayant retiré le filet, il y vit un poisson d'une très grande taille, qui se tortillait dans les mailles.

Sa joie ne connut point de bornes. Déjà, il imaginait sa femme, ses enfants, autour du précieux pot où cuirait le mets délicieux.

Son imagination, voguait et des tas de questions trottaient dans sa tête : de quelle dimension sera la joie des enfants et de la mère quand il étalera cette grosse et grasse prise devant leurs yeux ? Comment allaient-ils passer cette nuit autour du feu ?...

Et pendant qu'il plongeait dans ses agréables images, un roi qui se promenait sur la plage, survint et coupa ses rêves.

- Qu'est-ce que tu as dans ta main ? lui demanda le monarque.

- C'est là quelque pitance que Dieu m'a donnée, répondit le pauvre pêcheur.

ALCHIMISTE DES COEURS

Alors, sans autre forme de procès, le roi s'empara du poisson et s'en alla sans lui donner la moindre contrepartie. Même pas un mot agréable...

On peut aisément imaginer le désespoir et la tristesse du pauvre homme.

La tête basse et pleine d'idées noires, il s'en retourna vers son pauvre logis.

Quand il entra dans la maison, il avait les yeux pleins de larmes, et ne pouvait prononcer le moindre mot devant ses enfants et son épouse.

Le roi, quant à lui, était revenu dans son palais, tout heureux de montrer à sa reine, ce superbe fruit de pêche.

Et pendant qu'il exhibait le poisson pour s'attirer l'admiration de son épouse, une arête du poisson le piqua au doigt.

Il sentit une douleur dans le doigt, très vite, ce fut un enflement du membre atteint. La douleur devient de plus en plus vive et le doigt se gangrena.

Le roi ne pouvait plus dormir et désormais des douleurs atroces habitaient son corps. Il passait ses nuits à hurler de douleur. Les médecins réunis du palais décidèrent que seule une amputation du doigt était susceptible de rendre son sommeil au souverain malade.

Ce dernier refusa catégoriquement l'opération. Mais après un certain temps, la douleur monta au reste du bras et devint insoutenable.

Il fallait absolument couper le bras. Et le roi contraint par les douleurs atroces accepta de perdre l'un de ses membres supérieurs.

Quand on lui coupa le bras, il sentit un certain soulagement pour quelque temps, mais très vite une autre douleur commença à le persécuter : la douleur morale.

CHAPITRE TROIS

Il convoqua ses conseillers qui finirent par lui dire que probablement ses malheurs étaient dus à un tort qu'il avait commis contre quelque misérable sans défense.

Il se souvient alors du pêcheur sur la plage, auquel il avait ravi le poisson.

Le roi ordonna immédiatement de retrouver cet homme et de le lui présenter.

Le pauvre pêcheur se présenta dans ses haillons, tout ratatiné par les longues nuits de famine.

Le roi lui dit :

- Me reconnais-tu, homme ?

- Oui c'est vous qui m'avais pris mon poisson.

- Je veux que tu me pardonnes.

- Vous êtes pardonné.

- Mais je voudrais que tu me dises, sans peur, qu'as-tu fait quand je t'ai pris le poisson ?

- J'ai levé les yeux au ciel, et j'ai dit : « Mon Seigneur voilà qu'il m'a injustement montré sa puissance et m'a fait sentir ma faiblesse. Montre-moi, mon Dieu, combien Ta puissance est grande par rapport à sa faiblesse. »»

- Très instructive comme histoire Maître, elle m'a beaucoup touchée. Merci pour ce partage.

- Voilà tout ce que j'avais à te dire pour aujourd'hui. Je pense que tu as là suffisamment d'informations sur lesquelles tu peux travailler en attendant notre prochaine rencontre.

- Oui, tout à fait, et merci beaucoup pour toute l'énergie et le temps que vous investissez en moi.

ALCHIMISTE DES COEURS

Il sourit et se leva pour ouvrir le coffre-fort de sa voiture ; il prit une carafe et y sortit des glaces.

- Prends ça fiston, dit-il en me lançant une glace. Il faut bien profiter de sa jeunesse, continua-t-il avec un sourire me rappelant les mots que je lui avais dits lors de notre première rencontre. Il faut bien célébrer cette journée, après tout tu l'as bien mérité. Le réconfort après l'effort n'est-il pas une bonne chose ?

J'acquiesçai, profitant de la glace qui était très délicieuse, je n'avais jamais goûté un tel délice.

Nous étions là, tous les deux, en train de déguster notre glace, et observant le silence tout autour de nous, perdus dans nos pensées. Je passais en revue tout ce que j'avais appris au cours de cette belle journée lorsqu'il me dit : « Il est l'heure de nous séparer pour aujourd'hui. » Il se leva, rangea ses affaires, rentra dans sa voiture, la démarra et sortit un livre de la boîte à gants : « Tiens, lis attentivement ce livre. La carte pour notre prochain rendez-vous est à l'intérieur, sois à l'heure. » Puis il accéléra la voiture et s'en allant.

Le titre du livre était : *Mukhtaçar d'Al Akhdari*. Je l'ouvris et vis une carte, il y avait des indications de notre prochain lieu de rencontre avec l'heure. Derrière, il y avait un indice pour le lieu. Il était écrit : *Deuxième rencontre : Endroit qui multiplie tout ce que tu lui donnes*. Je restais encore là-bas un peu, observant le sommet de la montagne et réalisant que j'avais fait une vraie prouesse. Je rentrais alors dans ma voiture aussi et partis.

Chapitre Quatre : Rencontre au champ

Il était neuf heures du matin et j'étais déjà au lieu de rendez-vous en train d'attendre mon maître ; il avait dit qu'il allait passer me prendre avec sa voiture pour m'amener dans un lieu qui multiplie tout ce qu'on lui donne. J'étais assis là, sur un banc, en train de lire le livre qu'il m'avait remis la fois passée. J'y avais beaucoup appris par la grâce de Dieu sur les bases de la religion. Quelques minutes plus tard il arriva. Après les salutations, il me dit :

- Désolé de t'avoir fait attendre ! J'ai rencontré un contretemps sur la route.

- Il n'y a pas de problème, Maître. J'ai profité de ce temps pour réviser le livre que vous m'avez donné la dernière fois. Et qui sait, peut-être que Dieu a voulu nous épargner d'un accident en vous retardant un peu ?

- Oui, tu as parfaitement raison, peut-être Dieu a voulu nous sauver de quelque chose. *S'il nous était possible d'avoir une image globale de notre vie, nous saurions que tout ce qui nous arrive est une grâce de Dieu.* Tout ce qui arrive dans la vie, arrive pour une bonne raison mais il nous est impossible des fois de connaître cette raison. Je te félicite d'avoir eu cet état d'esprit et de profiter de ce temps pour t'améliorer. Je suis vraiment content de ce changement rapide, bonne continuation fiston !

Je me sentais bien dans ma peau et entièrement revigoré par ces mots d'encouragement en mon égard de la part d'un grand homme comme lui. Il avait raison, la dernière fois, de dire *qu'un*

CHAPITRE QUATRE

compliment sincère envers une personne peut avoir un grand effet, pensais-je silencieusement.

- Merci beaucoup répondis-je, en entrant dans la voiture. Alors où allons-nous ? Demandai-je, impatient de connaître notre destination et tout excité de savoir que j'allais encore pouvoir bénéficier de sa sagesse.

- Nous allons à un lieu pas trop éloigné de la ville, j'ai pensé que c'était le meilleur endroit pour te transmettre les connaissances dont je voudrais te parler aujourd'hui. Mets ta ceinture et laisse-toi guider, lança-t-il avec un léger sourire.

Nous avons roulé environ vingt minutes, j'avais profité du parcours pour lui poser quelques questions sur le livre. Il avait pris la peine de répondre avec enthousiasme à toutes mes interrogations. Il savait que j'avais bien lu le livre et que j'avais pris le temps d'y réfléchir, c'est pourquoi j'avais pu poser ces pertinentes questions.

Le soleil était un peu haut lorsque nous arrivâmes devant un grand portail rouge entouré d'une grande muraille.

- Descends, nous sommes arrivés, je vais te montrer mon champ, dit-il en se garant.

- Vous avez un champ ? Magnifique !

- Oui, effectivement, le voici ! C'est un des endroits où je passe beaucoup de mon temps.

- Décidément, vous ne finirez jamais de me surprendre grand maître.

- J'ai pensé que c'était le lieu le plus indiqué pour t'apprendre la *loi de la ferme* !

- *La loi de la ferme* ? Chaque jour j'apprends de nouvelle expression avec vous.

- Peut-être que c'est le nom que tu ignores mais je suis sûr que tu connais le principe et que tu vas bien comprendre. Allons-y, entrons, nous avons beaucoup de choses à apprendre aujourd'hui.

Il ouvrit la porte et je fus stupéfait par ce que je découvris. Jamais auparavant je n'avais vu un verger d'une telle beauté. C'est vrai que mon père avait un champ où j'allais rarement, mais il n'égalait pas en beauté ce que je voyais. Il y avait des arbres fruitiers bien rangés avec beaucoup de fruits, des légumes de toutes sortes, des fleurs. Il y avait un mélange de couleur extraordinaire de verdure, d'orange et jaune venant des fruits et légumes. C'était vraiment superbe ce que je contemplais.

Nous nous sommes dirigés vers les appartements qui étaient non loin de la porte et il me présenta aux employés du champ.

- Fais comme chez toi, tu peux cueillir tout ce que tu veux. Va faire une visite de vingt minutes en attendant que je discute avec le responsable de l'équipe de gestion. Et ne t'éloigne pas trop.

- Je crois que je vais bien me régaler aujourd'hui, lui répondis-je avec un sourire et une grande excitation.

Il rit et s'en alla. Après quelques mètres de marche, il se retourna et dit en souriant : fais attention quand même, ne mange pas trop de fruits au risque de te rendre malade. Il se retourna ensuite et continua son chemin.

J'étais alors parti faire un tour du champ. Ce qui me frappa le plus c'était que tout était bien ordonné, chaque chose était à sa place, les fleurs étaient rangées par catégorie, de même que les fruits et les légumes. Les fruits auxquels j'avais goûté étaient très doux avec une saveur agréable. Il y avait un air pur qui se dégageait de partout et un doux parfum, qui venait sûrement des fleurs. J'étais resté là à admirer la beauté et à goûter à tous les genres de fruits que je n'avais même pas senti l'heure passée. Je me suis rappelé alors qu'il m'avait demandé de prendre vingt

CHAPITRE QUATRE

minutes mais j'avais fait environ quarante minutes. Je suis retourné alors aux appartements.

- Ah ! Te voilà enfin, je pensais que tu t'étais perdu, dit-il me voyant arrivé.

- Je profitais un peu de l'ambiance du champ et je réfléchissais un peu sur le Paradis.

- Ah c'est bien. As-tu goûté aux fruits ?

- Oui j'ai goûté à tous les fruits que j'ai rencontrés et à vrai dire je n'ai jamais mangé de fruits d'aussi bon goût. C'est pourquoi je pensais au Paradis. Il faudra bien partager votre secret avec moi pour que je puisse un jour avoir un champ pareil.

- C'est ce que je compte faire sinon je ne t'aurais jamais amené ici. Allons faire un tour ensemble pour que je puisse te transmettre les leçons d'aujourd'hui.

Nous sommes sortis ensemble, marchant entre les arbres et il commença à parler.

- Tu vois mon fils *la loi de la ferme* stipule que *nous ne récoltons que ce que nous semons*. Que ça soit dans la vie religieuse, spirituelle, sociale, ou professionnelle, tu ne récoltes que ce que tu sèmes. En science on dit que *toute action entraîne une réaction proportionnelle*. Tu peux l'appeler aussi *l'effet boomerang*, tout ce que tu lances te revient tôt ou tard. Tu seras rétribué selon tes œuvres, ne l'oublie jamais.

- Je commence à mieux comprendre la loi de la ferme.

- C'est une loi très intéressante. Si tu prends la peine de bien labourer ton champ, de prendre le temps nécessaire de semer correctement, d'arroser comme il se doit et de mettre du fumier s'il le faut, ne sois pas surpris d'avoir une bonne récolte. Ce qui doit être surprenant pour toi, c'est d'avoir une bonne récolte sans pour autant semer.

ALCHIMISTE DES COEURS

- Oui cela est vrai, c'est tout à fait logique.

- Mais pour ce faire, tu dois bien choisir les graines que tu sèmes, une mauvaise graine ne donnera qu'un mauvais produit. La nature de la terre est aussi très importante pour avoir une bonne récolte. Il te faut une bonne terre sinon tu risques de te fatiguer pour rien. Et surtout il faut bien travailler la terre. Voici une fable intéressante, tu l'as sûrement déjà lue, mais ça vaut quand même la peine de la rappeler :

« Un riche laboureur, sentant sa mort prochaine, fit venir ses enfants, leur parla sans témoins. Gardez-vous, leur dit-il, de vendre l'héritage que nous ont laissé nos parents, un trésor est caché dedans. Je ne sais pas l'endroit ; mais un peu de courage vous le fera trouver, vous en viendrez à bout. Remuez votre champ dès qu'on aura fait l'Oût[33]. Creusez, fouillez, bêchez ; ne laissez nulle place où la main ne passe et repasse. Le père mort, les fils vous retournent le champ. Deçà, de-là, partout ; si bien qu'au bout de l'an il en rapporta davantage. D'argent, point de caché. Mais le père fut sage de leur montrer avant sa mort que le travail est un trésor. »

- Oui je l'ai déjà lue et elle résume bien ce que vous venez de dire.

- C'est une belle leçon de vie. Donc, il faut bien travailler la terre, bien choisir tes graines et semer le maximum possible pour récolter le maximum aussi. *C'est ce qui se trouve dans le sol qui crée ce qu'il y a au-dessus du sol.* Mais évite de tomber dans le piège qui a attrapé la plupart des personnes, c'est le fait d'avoir de l'admiration de ses actions, de sa dévotion. Que la quantité de graines semée ne te leurre jamais. Tu ne sais jamais si tu les as bien semées ou si tu les as bien triées ou si tu les as semées à la bonne hauteur. Cette admiration entraîne une haute estime de soi

---

[33] Moisson du mois d'Août

par rapport à ses œuvres et une confiance excessive en soi. Un savant a dit : « *Point de dévotion vaut mieux qu'une dévotion mêlée d'admiration de soi-même.* » Sache que tu ne pourras jamais rendre à Dieu les faveurs qu'Il te donne, tu seras toujours en dessous. Regarde, comment Il a façonné ton corps de la plus belle manière ? Comment Il te donne à manger, à boire, de la vigueur et de la force, de la raison, t'a octroyé la grâce d'être un être humain. Fais très attention donc.

Le ton de sa voix, de même que sa concentration montrait l'importance de ce dont il parlait. Il continua :

- Ibn Abass (*qu'Allah l'agrée*) a dit que Dieu révéla à l'un de ses Prophètes ceci : « *Ta vie ascétique t'a rapproché ton repos. Quant à ta dévotion et ton dévouement absolu à Moi, ils constituent un honneur pour toi. Ces deux conduites ne profitent donc qu'à toi et point à Moi.* »

- Absolument.

- Sois un éternel insatisfait comme je te l'ai dit la dernière fois, n'arrête jamais de semer, autant tu sèmes, autant tu auras la chance de récolter. Ne te crois jamais en sécurité, crains toujours la ruse de Dieu. Il faut toujours vivre entre la crainte et l'espérance.

- Vivre entre la crainte et l'espérance, voilà un bel équilibre.

- Oui, tout à fait. Un sage a dit : « *Rien ne te sépare de la vertu que le fait de te croire vertueux.* » Sème autant que tu peux mais vas-y avec modération. Il est préférable de faire une action que tu peux répéter chaque jour que de faire de grandes actions à des intervalles irréguliers. Le Prophète Mouhamed (*Paix et Salut sur Lui*) a dit : « *O hommes ! Ne vous chargez d'accomplir que les œuvres dont vous êtes capables. Dieu ne se lassera pas de vous récompenser tant que vous ne vous lasserez pas d'œuvrer.* **Les meilleurs œuvres étant les plus durables / régulières.** » Ne tombe pas dans l'ostentation. Ne fais jamais tes actions dans le but de montrer aux autres que tu es pieux. Lorsque les gens commenceront à voir des changements en toi, te verront respecter la prière et tous les principes de la religion, ils te feront des éloges. Mais ne les écoute pas, sois comme je te l'ai déjà dit, un éternel insatisfait. N'oublie pas : « *La meilleure vie ascétique est celle tenue discrète* » IL y aura certainement aussi des personnes qui essayeront de te décourager mais ne fais pas attention à ce qu'elles disent, garde toujours en tête ton objectif.

- J'ai pris la décision de changer et j'irai jusqu'au bout par la grâce de Dieu.

- Parfait alors ! Je t'encourage vraiment. Tu as remarqué que dans ce champ, il y a des arbres fruitiers, des plantes saisonnières, des plantes qui fleurissent vite, d'autres qui prennent du temps avant de donner leur premier fruit. Il y a tout une gamme de plantes, aussi différentes les unes les autres. C'est la même chose avec ton cheminement. Pour certaines de tes œuvres, tu ne pourras pas cueillir leurs fruits sur-le-champ, il faut du temps pour qu'elles grandissent, fleurissent et donnent des fruits. Et en ce moment-là tu pourras bénéficier des fruits pendant longtemps et des fois même tu pourras bien profiter de l'ombre de l'arbre. Regarde cette plante-là ! Me dit-il pointant son doigt vers une rangée de plantes devant nous.

- C'est quelle plante ? Lui demandai-je, car je n'avais pas une grande connaissance des arbres.

- C'est une carotte, répondit-il en tirant de la terre une d'entre elles. Une grosse carotte en sortit avec une jolie forme.

- Prends ça, c'est pour toi, dit-il me tendant la carotte. Lorsque tu prendras femme je pourrai vous ravitailler en légumes et fruits, me lança-t-il avec son sourire.

- Avec plaisir, ce serait un très grand honneur pour nous. Priez bien pour moi.

CHAPITRE QUATRE

- Ne t'inquiète pas, tu auras une bonne épouse. J'avais l'habitude de fournir à tes parents des légumes et fruits. Je voulais juste te montrer une autre facette de la vie. Tu as vu cette carotte, elle mûrit sous terre. En voyant la plante, tu peux penser qu'elle n'a pas de produit alors qu'elle porte à l'intérieur de la terre un joli trésor. C'est l'exemple de certaines des œuvres que tu fais, les invocations et les petites actions. Tu peux penser qu'elles n'ont pas un très grand impact dans ta vie alors que leurs fruits mûrissent sous terre, tu seras ébahi lors de la récolte. Tout comme il y a des adorations pour lesquelles tu vois les résultats au-dehors comme tu vois les fruits de ce manguier, dit-il en pointant son doigt vers un manguier devant nous.

- Je saisis l'analogie Maître.

- Prépare le sol, sème autant que possible et sois patient. Sais-tu que *le bambou chinois ne peut être planté qu'une fois le sol préparé à cet effet, et pendant quatre années, la pousse ne s'effectue qu'en direction du sous-sol ? Seuls, un petit bulbe et une pousse minuscule apparaissent à la surface. Puis, au cours de la cinquième année, le bambou se met à pousser. Il peut alors atteindre une hauteur de deux mètres cinquante.* Tu vois Abdou, ne néglige pas alors le temps passé à préparer le terrain, à semer la graine, à fertiliser le sol, à arroser et à désherber. Ne te focalise surtout pas sur le résultat immédiat, sois conscient que la récolte arrivera un jour. *Occupe-toi des racines, fleurs et fruits viendront d'eux-mêmes* !

- Merci vraiment, je ne saurai jamais vous remercier assez. Vous êtes un vrai pédagogue. Je comprends très bien maintenant la loi de la ferme.

- Me remercier revient simplement à appliquer ce que je dis et d'adorer ton Seigneur de la plus belle manière ; et aussi à transmettre aux autres cette sagesse. Cela me suffit largement comme récompense. Et c'est ce qui m'amène à te donner un procédé pour bien y arriver.

- Un procédé ? Ça doit être riche.

- Oui très riche même. C'est une méthode efficace, qui, si tu l'appliques à la lettre, te propulsera vers l'avant très rapidement et te permettra de bien semer, puis, de bien récolter.

- Je suis entièrement à vous, lui dis-je, tout concentré. Mais est-ce qu'il y a un mot qui résume ce procédé, un acronyme comme la dernière fois avec ISLAM ?

- Oui il en existe. On dirait que tu commences à aimer mes acronymes. Je te le donne ?

- Oui, je les aime bien, c'est facile à retenir. Je vous écoute mon cher Maître.

- Le mot pour ce procédé, c'est…***PROCEDE.***

- *Procédé* vous dites ?

- Oui, c'est **Procédé.**

- Vous êtes le plus grand génie que je connaisse.

Il s'inclina en signe de respect de la manière des Japonais avec son sourire en disant : « Merci ». Il se releva et dit : « Es-tu prêt à entendre ce Procédé ? »

- Oui, je suis prêt, comme toujours d'ailleurs.

- Allons-y alors ! La première lettre de ce **PROCEDE** c'est la lettre **P** qui signifie **Purification.** La purification c'est l'étape la plus importante avant chaque adoration. Elle te permet d'être prêt pour entrer en communion avec ton Seigneur. Dieu aime la beauté et la propreté. Donc, avant chaque acte d'adoration, purifie-toi correctement. « *Réussit, certes, celui qui se purifie, et se rappelle le nom de son Seigneur, puis célèbre la Salat.* »[34] Le Prophète

CHAPITRE QUATRE

Mouhamed (*Paix et Salut sur Lui*) disait : « *Allah - Exalté soit-Il - est pur et n'accepte que ce qui est pur.* » Il (*Paix et Salut sur Lui*) nous dit aussi que : « *La purification est la moitié de la foi.* »

- C'est très important alors de se purifier.

- Regarde ces plantes comment elles sont si jolies, comment les fruits sont doux, penses-tu que si nous n'avions pas pris la peine de purifier la terre, de dégager tous les déchets et les encombrements sur le sol, nous aurions de telles récoltes ? Une terre non purifiée ne donne pas grand-chose tout comme une personne non purifiée ne réalise rien de bon.

- Très belle analogie.

- Une purification complète prend en compte les deux parties.

- Quelles sont-elles ? Lui demandai-je.

- La purification extérieure et la purification intérieure. L'une sans l'autre ne vaut pas grand-chose.

- Ah je vois. C'est vrai. Alors pourrais-je savoir d'abord comment se fait la purification extérieure ?

- La purification extérieure consiste à purifier son corps de tout ce qui est souillure et impureté. Elle se fait par les ablutions ou par le grand lavage. Sois toujours en état d'ablution et fais tes ablutions avant chaque prière dans la mesure du possible. Surtout, fais-le bien ! Le Prophète Mouhamed (*Paix et Salut sur Lui*) a dit : « *Toute personne qui a fait ses ablutions et en a respecté toutes les règles voit ses péchés sortir de son corps jusqu'à ce qu'ils sortent de dessous ses ongles.* » Tu vois comment il est important de faire ses ablutions ? Il (*Paix et Salut sur Lui*) a dit dans un autre Hadith beaucoup plus détaillé que : « *Quand le Musulman (ou le Croyant) fait ses ablutions et qu'il se lave le visage, il sort avec l'eau toutes les fautes qu'il a commises en regardant avec ses yeux (des choses*

---

[34] Sourate 87, Versets 14 et 15

interdites). Quand il se lave les mains, il sort de ses mains avec l'eau toutes les fautes qu'il a commises en frappant (les autres) avec ses mains. Quand il se lave les pieds, il sort avec l'eau toutes les fautes qu'il a commises en marchant avec ses pieds (vers des endroits illicites). Tant et si bien qu'il sort complètement purifié de ses péchés. »

- Merci beaucoup, je vois maintenant toute l'importance de faire ses ablutions.

- C'est très important et le livre que je t'ai donné la dernière fois est très clair sur la façon de les faire et de corriger en cas d'erreur.

- Oui j'avoue que le livre est très intéressant et explicite. Je sais bien faire mes ablutions maintenant, grâce à vous !

- Ça me fait très plaisir de l'entendre. Ce point sur la purification me rappelle un peu ce que je t'avais dit la dernière fois sur le licite. En faisant tes ablutions, lorsque tu laves tes mains, prends l'intention de ne pas faire après une mauvaise action avec elles. Lorsque tu laves ta bouche, prends l'intention de ne pas dire des paroles obscènes ou des futilités. Ainsi de suite jusqu'à tes pieds. Chaque membre que tu laves, prends l'intention de ne pas désobéir à Dieu avec.

- D'accord, c'est bien noté. Sinon qu'est-ce qui peut être encore important sur la purification extérieure ?

- La purification extérieure se fait aussi par la purification de ses habits et du lieu d'adoration. Dieu dit dans le Saint Coran, en parlant au Prophète Mouhamed (*Paix et Salut sur Lui*) : « *Et de ton Seigneur, célèbre la grandeur. Et **tes vêtements, purifie-les**. **Et de tout péché, écarte-toi**. Et ne donne pas dans le but de recevoir davantage.* »[35] Porte toujours des habits propres et dépourvus de souillure quelconque. Certaines personnes pensent que l'ascétisme c'est de porter des habits sales ou déchirés mais c'est tout à fait le

---

[35] Sourate 74, Versets 3 et 6

contraire. Mets de beaux habits avec du parfum et de l'encens. Dieu aime la propreté et les gens du Paradis porteront de beaux habits. Le lieu aussi est très important. Purifie ton *SR* chaque jour si possible ou avant chaque acte d'adoration.

- SR ? C'est quoi SR ?

- C'est ton *Sanctuaire du Rappel*. Crée-toi un espace dans ta maison ou dans ta chambre, un endroit uniquement consacré pour le rappel. Maintiens-le propre avec une bonne odeur autant que possible. Et ne l'utilise que pour le Rappel.

- Ça, c'est une pertinente idée. Je vais créer mon SR dès aujourd'hui, j'ai déjà une idée pour le lieu. Merci beaucoup pour cette inspiration.

- Je suis content alors de t'être utile. En ayant un lieu unique pour faire des adorations, tu seras en meilleure position de toujours le maintenir propre et de mieux te concentrer. Passons maintenant à la purification intérieure si tu veux bien.

- Oui j'allais même vous poser la question.

- Parfait ! La purification intérieure consiste à purifier tes intentions, ton cœur et ton âme. Tes actes ne valent que par leurs intentions : une bonne intention donne une bonne récompense et une mauvaise intention aboutit à de mauvaises rétributions, sois en conscient. Purifie bien tes intentions, ne pense que ce qui est bien. Purifie aussi ton cœur de tout ce qui n'est pas Dieu. Le cœur, c'est la maison de Dieu et c'est le seul endroit qui peut le contenir. Chaque place occupée dans ton cœur par quelque chose autre que Dieu diminue la place que doit occuper ton Seigneur. Dieu nous dit dans le Saint Coran : « *Allah n'a pas placé deux cœurs dans la poitrine de l'Homme.* »[36] Donc réserve-le à Dieu. Le Prophète Mouhamed (Paix et Salut sur Lui) a dit : « *Sachez que dans le corps humain il y a une bouchée de viande. Quand cette bouchée*

---

[36] Sourate 33 - Verset 4

est bonne, tout le corps est bon ; et quand elle est devenue mauvaise, tout le corps le devient. **Sachez que cette bouchée est le cœur.** »

- Je vois que cette purification du cœur est très importante. Quels moyens puis-je utiliser pour purifier mon cœur ?

- La prière est un grand purificateur. Abou Hourayra (*qu'Allah l'agrée*) a rapporté : « J'ai entendu le Messager de Dieu (Paix et Salut sur Lui) dire : « *Que pensez-vous si l'un de vous avait devant sa porte une rivière où il se laverait cinq fois par jour, est-ce qu'il lui resterait quelque chose de sa saleté ? Ils dirent : « Il ne lui en reste rien ». Il dit : « Telle est l'image des cinq prières quotidiennes par lesquelles Dieu efface les fautes* ». Le Saint Coran affirme de même que : « *En vérité, la prière préserve de la turpitude et du blâmable. Le rappel d'Allah est certes ce qu'il y a de plus grand. Et Allah sait ce que vous faites.* »[37] Malheureusement aujourd'hui beaucoup de personnes ne prient pas correctement, raison pour laquelle leurs caractères ne changent pas. Le Saint Coran a interdit de s'approcher de la prière en étant ivre. Mais observe bien, la plupart des gens prient aujourd'hui en étant complètement ivres.

- Ah bon ? Pourtant moi je n'ai jamais vu une personne ivre en train de prier, avouais-je, l'air un peu surpris par cette affirmation.

- Oui, la plupart des gens sont ivres de ce bas monde. Ils sont de nos jours pris au piège par la course effrénée vers les richesses de ce monde, ils ne prennent même pas le temps nécessaire de préparer la prière. Tant que tu ne purifies pas carrément ton cœur, jamais tu ne pourras avoir la concentration nécessaire ; la prière, elle doit être préparée. Mon père avait l'habitude de préparer la prière trente minutes, voire une heure de temps avant l'heure en disant que la prière était une audience avec son Seigneur et celle-ci

---

[37] Sourate 29, Verset 45

CHAPITRE QUATRE

devait être parfaite et bien préparée. Le Prophète Mouhamed (*Paix et Salut sur Lui*) a dit « *Lorsque l'un d'entre vous est en prière, il est en fait, en train de s'adresser à son Seigneur. Qu'il sache ce qu'il doit dire.* »

Tout en parlant de la purification et de ses règles, nous étions en train de marcher sur les allées du champ et de profiter de cet endroit incroyable avec la verdure et l'air pur.

- Tu vois, ce champ a cet éclat aujourd'hui grâce à une purification réussie. Nous avons bien labouré la terre, enlevé toutes les mauvaises herbes et les arbustes qui pouvaient empêcher les plantes de bien grandir. Nous avons nettoyé l'intérieur comme l'extérieur. Tu vois maintenant, c'est ce qui nous a permis aujourd'hui par la grâce de Dieu d'avoir un aussi joli espace.

Je comprenais bien l'analogie et voyais toutes les possibilités que j'avais de mettre en pratique tout ce qu'il venait de me dire. Je regardais ce monsieur qui prenait tout son temps pour me transmettre ses secrets et de la plus belle manière. Je m'étais promis de mettre tous ses conseils en application, au moins je lui devais bien ça.

- L'évocation de Dieu et la prière sur le Prophète Mouhamed (*Paix et Salut sur Lui*) sont aussi d'excellents moyens pour purifier ton cœur. Multiplie-les autant que possible. Ne te lasse jamais de prier sur le Prophète (*Paix et Salut sur Lui*).

- D'accord, je ne me lasserai jamais de le faire.

- Une dernière idée que je voulais partager avec toi avant de passer au deuxième point du procédé est : *n'oublie jamais que la purification ce n'est pas seulement nettoyer, c'est aussi éviter de te souiller.* C'est la première étape même de toute purification réussie. Prends garde de ne pas souiller tes habits, ton corps, ton esprit, ton SR encore moins ton cœur. *Si tu nettoies chaque jour et évites en même temps de salir, il arrivera certainement un jour où tu seras parfaitement propre.*

- Très belle idée.

- Et regarde bien ce que tu mets dans ton ventre, cela a une importance capitale. La nourriture est une charge, plus tu en prends, plus tu t'alourdis. Et plus tu t'alourdis, plus tu deviens paresseux pour te mettre au service de Dieu. Mange des aliments riches et légers et en quantité nécessaire. Évite tout ce qui est de la « *mal bouffe* », c'est vrai que ce n'est pas facile car nous ne sommes entourés que de ça, mais cela va valoir le coup de le laisser. Regarde par exemple toute l'énergie dépensée par tes intestins pour digérer certains aliments lourds, qui, en fin de compte, ne t'apportent rien du tout. C'est mieux de prendre un aliment facilement digérable, dont la digestion ne nécessite pas beaucoup d'énergie et dont l'apport est considérable. Tu te sentiras léger et revigoré pour pouvoir te mettre plus encore au service de ton Seigneur. Au fait, fumes-tu toujours ?

J'avoue que la question m'avait un peu surpris mais je savais qu'il allait me la poser un jour.

- À vrai dire Maître, depuis deux jours je n'ai pas fumé ; j'ai pris la décision de ne plus le faire. Priez pour moi !

- Je t'encourage vraiment dans cette initiative, la cigarette est très mauvaise. Ne touche plus à ça, je t'en supplie. Cheikh Ahmet Tidiane Cherif (*qu'Allah l'agrée*) l'a formellement interdit à ses disciples. Il a dit au cours d'une certaine occasion : « *Celui qui ne se repent pas de leur utilisation (c'est-à-dire pour le tabac et autre substance similaire) il ne mourra pas de la meilleure fin.* »

- Fumer est dangereux alors. Moi je pensais que c'était quelque chose réprouvée seulement.

- La cigarette est très mauvaise, même le Saint Coran interdit de faire quelque chose qui conduit au suicide. Il y a un autre verset où

CHAPITRE QUATRE

Dieu dit : « *[...] Il leur ordonne le convenable, leur défend le blâmable, leur rend licites les bonnes choses, leur interdit les mauvaises [...]* »[38] Et sur le paquet même de la cigarette il est clairement écrit : « *la cigarette tue* » ou « *la cigarette nuit gravement à votre santé.* » Nous savons aussi aujourd'hui que la cigarette a plus de cinquante composants qui entraînent le cancer, nous trouvons entre autres parmi eux de *l'arsenic, du cyanure et des métaux lourds* qui sont des poisons reconnus. Donc fumer de la cigarette, c'est se donner lentement la mort. Quelqu'un est venu interroger Serigne Fallou Mbacké (*qu'Allah l'agrée*) sur la cigarette. Il lui demanda d'en allumer une et de fumer. La personne s'exécuta alors. Au moment où il ne restait que quelques millimètres de mégot de la cigarette, il demanda à Serigne Fallou (*qu'Allah l'agrée*) s'il pouvait arrêter maintenant. Celui-ci lui ordonna de continuer. Et la personne lui dit ; Serigne si je continue je vais me brûler. Serigne Fallou (*qu'Allah l'agrée*), sage qu'il était, lui rétorqua alors : *Voilà ta réponse, si tu continues tu vas brûler en enfer.*

- Belle leçon de sagesse. *Le feu de la cigarette conduit au feu de l'enfer.* C'est noté pour toujours.

- Arrête carrément de fumer. La cigarette nuit corporellement mais aussi spirituellement, la lumière divine ne reste jamais sur une personne qui fume, et une personne a besoin de lumière pour progresser. Elle lui sera impossible d'évoluer en continuant à en consommer, le cheminement vers Allah étant la voie de la purification, le tabac en est l'opposé. Un fumeur ne peut jamais devenir un saint. Un jour, El Hadj Abdoulaye Niass (*qu'Allah l'agrée*), le père de Cheikh Ibrahima Niass (*qu'Allah l'agrée*), avait un hôte à la maison et lui avait fait l'honneur de diriger toutes les prières durant son séjour. L'hôte remarqua que tous les enfants priaient derrière lui sauf Cheikh Ibrahima Niass (*qu'Allah l'agrée*).

---

[38] Sourate 07, Verset 157

ALCHIMISTE DES COEURS

Il le dit à son père qui lui répond qu'Ibra (comme il l'appelait) avait toujours une explication de ses actions. Il alla demander à Cheikh Ibrahima Niass (*qu'Allah l'agrée*) alors la raison pour laquelle il ne priait pas derrière l'hôte. Celui-ci de lui répondre que l'hôte fumait et que lui, il ne prie jamais derrière un fumeur. Dans son message adressé aux jeunes qui devait se rendre au Caire, Cheikh Ibrahima Niass (*qu'Allah l'agrée*) dit : *« Ne touchez jamais à la cigarette parce qu'elle est sale de par son nom, son corps et son aspect. De surcroît, elle est détestée par les Anges, ceci est si visible à l'œil nu qu'il n'a même pas besoin d'explication. »* Donc, évite de te salir par la cigarette ou par toute autre chose, et un jour peut-être, tu seras totalement purifié.

- D'accord grand maître, c'est vraiment très explicite.

- Passons maintenant au deuxième point de notre **PROCEDE**. La deuxième lettre est le « R » qui représente la **Relation**. Prends bien en compte les personnes avec qui tu entres en relation, les personnes avec qui tu t'entoures, les personnes avec qui tu t'associes. De bonnes relations te propulsent dans la bonne direction, de mauvaises relations te conduisent vers de mauvais sentiers. Nous sommes souvent la moyenne des personnes que nous fréquentons le plus, n'oublie jamais cela ! Rappelle-toi l'adage : « *Dis-moi qui tu fréquentes et je te dirai qui tu es* », c'est entièrement vrai.

- Vous avez raison. J'ai beaucoup réfléchi à ce point depuis notre dernière rencontre. Comment vais-je faire de mes anciens amis, ceux avec qui je faisais les mauvaises choses ? Lui demandai-je, espérant avoir une idée de la manière de les gérer.

- Évite-les, point barre ! Évite-les autant que possible, essaie toujours de te trouver une excuse valable pour ne pas répondre à leurs invitations, ni même les rencontrer, surtout pendant cette période de transition pour toi. C'est le moment le plus critique et c'est facile de retourner à tes anciennes habitudes en côtoyant de

CHAPITRE QUATRE

mauvaises personnes. Il faut du temps pour ancrer de nouvelles habitudes. Mais une fois que tu seras bien préparé, une fois que tu sentiras que tu as bien progressé et que tu es devenu totalement conscient, essaie de les conscientiser à ton tour. Essaie de les servir et de leur transmettre tout le message que je suis en train de te donner, peut-être qu'ils changeront à leur tour. Et dans ce cas, tu auras très bien contribué pour eux et pour la société.

- Voilà de sages conseils, vous venez de me soulager d'un grand poids.

- S'associer à de mauvaises personnes est un poison dangereux, à la longue cela peut te détruire. Recherche des personnes qui t'inspirent, des personnes à qui tu veux ressembler et associe-toi à elles. Tu as vu ces plantes comment elles sont regroupées en catégories ? C'est pour éviter toute influence de la part d'autres plantes différentes. *Certaines plantes peuvent être toxiques pour d'autres tout comme certaines personnes peuvent être toxiques pour toi.* Le mieux dans ce cas c'est de t'éloigner d'eux.

- Oui c'est vrai.

- Il faut alors bien choisir tes amis. L'homme se conduit la plupart du temps comme son ami. Ne fréquente jamais les paresseux, les racontars, les tueurs de temps, les pécheurs. Le Prophète Mouhamed (Paix et Salut sur Lui) nous a dit : « *La compagnie d'une bonne et d'une mauvaise personne peut se comparer à celle du vendeur de musc et du forgeron. Le premier sent bon et soit vous donnera un peu de parfum, soit vous en vendra. Alors que le second sent mauvais et risquera de brûler vos vêtements.* » Avoir une mauvaise compagnie ne t'apportera que des regrets dans ce monde et lors du jugement dernier comme le dit le Saint Coran : « *Le jour où l'injuste se mordra les deux mains et dira : " [Hélas pour moi !] Si seulement j'avais suivi le chemin avec le Messager ! Malheur à moi ! Hélas !* **Si seulement je n'avais pas pris "un tel" pour ami ! Il m'a, en effet, égaré loin du**

ALCHIMISTE DES COEURS

rappel [le Coran], après qu'il me soit parvenu". Et le Diable déserte l'homme (après l'avoir tenté)." »³⁹ Que Dieu nous en préserve !

- Amine Maître, je prie que ma compagnie avec vous continue jusqu'au Paradis.

- Amine, je le prie aussi. Recherche un groupe de jeunes qui sont dans la voie droite et associe-toi à eux. Mieux vaut être entouré de bonnes personnes que de rester seul dans ton coin. Tu progresses plus vite et tu bénéficies du soutien de tout un chacun. Un savant a dit un jour : « *Fréquenter les gens pieux permet d'acquérir un savoir bénéfique et de nobles manières, et mène à l'accomplissement d'actions vertueuses, tandis que fréquenter de mauvaises personnes empêche tout cela.* » La compagnie des gens vertueux est très bénéfique, n'oublie jamais cela. Il est rapporté qu'Ibn Abbâs (qu'Allah l'agréé) a dit : « *Une question a été posée au Messager d'Allah : qui des gens qui nous tiennent compagnie est la meilleure ?* » Il a répondu : « *C'est celui, lorsque vous le voyez, vous vous rappelez [l'obéissance à] Allah, lorsqu'il parle, il vous augmente en connaissance et quand il œuvre, il vous rappelle l'au-delà.* »

- C'est très inspirant tout ce que vous venez de dire. Je vais minutieusement choisir mes amis maintenant.

- Rappelle-toi tout ceci. Il est facile aujourd'hui de trouver un ami, en un seul clic sur internet tu peux tomber sur des milliers d'amis potentiels. Alors, prends bien le temps de les choisir.

- Je serai plus prudent maintenant par rapport ça.

- Il le faut en tout cas. Mais fais tout pour bien entretenir toute bonne relation que tu te crées. Une fleur, pour grandir, a besoin d'être arrosée ; une relation, pour être solide, a besoin d'être arrosée et entretenue par des cadeaux et des actes de bonté. Essaie

---

³⁹ Sourate 25, Versets 27 à 29

CHAPITRE QUATRE

de vivre avec chacun de tes amis une histoire qu'il sera heureux de raconter sur toi, même après ta mort. Revois tes amis régulièrement, prends de leurs nouvelles, aie de petites attentions envers eux, donne-leur des cadeaux autant que possible. N'oublie pas que pour avoir de bons amis, il faut d'abord en être un. Fais-leur sentir qu'il y a quelque chose de spécial en eux.

- Voilà de belles recommandations que je vais appliquer avec grand plaisir.

- Passons maintenant au troisième point de notre **PROCEDE**. Quelle lettre suit ?

- C'est la lettre « **O** ».

- As-tu une idée de ce que ça peut être ?

Je réfléchis un bout de temps avant de lui répondre : « Non, je ne trouve pas vraiment. »

- Ce n'est pas grave et j'apprécie beaucoup ta sincérité. Le « **O** » de notre **PROCEDE** représente l'*Orientation*. Il est très important d'avoir un repère, une orientation dans la vie. Il n'est pas facile de guider quelqu'un qui ne sait pas où il va. *On dit souvent qu'il n'y a pas de vent favorable pour celui qui ne sait où il va.*

- J'aime bien cette phrase : « *Il n'est pas facile de guider quelqu'un qui ne sait pas où il va.* »

- Le problème principal de la jeunesse et de la plupart des personnes est un problème d'orientation ; les jeunes manquent de repères et ne savent pas où mettre les pieds ou quelle direction prendre. Ils sont guidés par la mode, la télévision, les stars ; et à chaque instant, ils changent de directions. Alors que dans la vie il faut se construire à partir de repères : « *La fleur qui veut pousser doit honorer ses racines.* »   Les élèves ne savent même pas comment définir leur avenir, c'est très triste.

ALCHIMISTE DES COEURS

- Je suis un témoin vivant de cela. Jusqu'à la classe de Terminale, je n'avais encore aucune idée claire de ce que je voulais faire de ma vie et j'ai choisi la formation d'ingénieur sur laquelle je suis tombé par hasard. Je vivais entièrement la mode et n'avais jamais eu une ligne directrice pour ma vie.

- Oui je sais, des gens vont même jusqu'à l'université sans savoir ce qu'ils veulent faire de leur vie. Il est très important pour la personne de savoir très tôt ce qu'elle veut faire de sa vie et où elle veut aller. Il faut apprendre à définir une orientation pour sa vie et des objectifs clairs.

- Je suis tout à fait d'accord avec vous. Et c'est vrai que nous n'avons pas cette culture de définir clairement des objectifs régulièrement.

- Sans une orientation claire, on ne peut rien faire de bon. Dieu nous a même donné une direction pour la prière. Il pouvait nous laisser nous orienter où nous voulions car il est partout comme Il le dit dans le Saint Coran : « *À Allah seul appartiennent l'Est et l'Ouest. Où que vous vous tourniez, la Face (direction) d'Allah est donc là, car Allah a la grâce immense ; Il est Omniscient.* »[40] Mais Il a préféré nous donner une orientation pour nous faire comprendre que c'est important. Il est dit dans le Saint Coran : « *Certes nous te voyons tourner le visage en tous sens dans le ciel. Nous te faisons donc orienter vers une direction qui te plaît. Tourne donc ton visage vers la Mosquée sacrée. Où que vous soyez, tournez-y vos visages. Certes, ceux à qui le Livre a été donné savent bien que c'est la vérité venue de leur Seigneur. Et Allah n'est pas inattentif à ce qu'ils font.* »[41] Oriente ton cœur, ton esprit et ton âme vers Allah, ne désire rien d'autre que lui. L'orientation te permet de comprendre aussi que dans la vie tu dois avoir de repère. Les deux plus grands repères que tu dois avoir sont

---

[40] Sourate 2, Verset 115
[41] Sourate 2, Verset 144

CHAPITRE QUATRE

le Saint Coran et la tradition du Prophète Mouhamed (*Paix et Salut sur Lui*) comme je te l'ai déjà dit la dernière fois. Mais la répétition ne gâche rien. L'Imam Jouneid (*qu'Allah l'agrée*) disait : « *Dans cette route de la vie, il faut tenir de la main droite le livre que nous a envoyé le Seigneur Très Haut et de la main gauche les préceptes traditionnels du Prophète (Paix et Salut sur Lui), entendu que celui qui marche à la lumière de ces deux lampes ne s'écartera jamais du bon chemin.* » Si tu trouves ensuite un bon maître pour t'orienter colle-toi à ses enseignements.

- Je suis vraiment chanceux de t'avoir comme maître, lui dis-je sincèrement

- Espérons que c'est une chance, dit-il humblement. Que je sois présent ou absent, oriente-toi vers la bonne direction et tu seras sûr d'arriver un jour. Et prie toujours Dieu de te guider dans la voie droite. Le connaissant en Allah Sidi Mouhamed Sammak (*qu'Allah l'agrée*) a dit : « *Celui qui s'adonne à Allah avec son cœur, Allah s'adonne à lui avec Sa Miséricorde et oriente les faces des gens vers lui. Quant à celui qui se détourne d'Allah, Allah se détourne de lui complètement. Or, celui qui s'adonne à Lui de temps en temps, Allah lui accordera Sa Miséricorde à un moment ou un autre.* » Écoute bien cette histoire d'un conte Soufi.

- Je suis tout ouïe. J'aime chacune de vos histoires Maître.

« *C'est l'histoire d'un hérisson qui cherchait les gazelles. Partout où il passe, ne les trouvant pas, il demandait aux animaux voisins s'ils les ont aperçues et ils lui répondaient : "elles sont déjà passées depuis longtemps". Le hérisson leur demanda dans quelle direction et s'y rendit.*

Un jour, il rencontra un renard qui lui dit : " mais pourquoi t'acharnes-tu à suivre les gazelles ? Jamais tu ne les rattraperas, tu n'es pas assez rapide, tu passeras ta vie à les rattraper ! "

ALCHIMISTE DES COEURS

Le hérisson lui répondit : " même si je ne les atteins pas, mon bonheur sera de mourir sur leur voie. " »

- Quelle belle réponse. Très touchant cette histoire.

- Oui, juste pour te montrer que tu dois avoir une bonne orientation et y rester jusqu'à la mort. *La direction que tu prends Abdou est plus importante que la vitesse à laquelle tu y vas*, souviens-toi toujours de cela ! Si tu suis la bonne direction, tu peux espérer arriver un jour. Même si la mort te trouve sur la route, tu auras au moins le mérite d'être resté sur la voie comme le hérisson. Passons maintenant à la quatrième lettre de notre PROCEDE, la lettre **C**. Sais-tu ce que ça peut représenter ?

Je réfléchis quelques secondes avant de lui répondre : « Oui cette fois-ci je pense avoir mon idée. »

- Ah c'est bien. Que représente la lettre « C » selon toi alors ?

- La Concentration, dis-je après une bonne respiration, espérant avoir donné la bonne réponse.

- Vingt sur vingt ! Toutes mes félicitations, c'est la bonne réponse. La lettre « C » de notre **PROCEDE** représente effectivement la ***Concentration***. Tu auras ta récompense, dit-il avec son sourire légendaire.

Je souris aussi. Nous étions à cet instant devant une case très bien décorée.

- Je te montre une petite expérience et après nous allons continuer à l'intérieur de la case, tu dois être un peu fatigué je suppose. Nous avons beaucoup marché, j'adore marcher, c'est mon sport favori.

C'est vrai que je sentais mes jambes s'alourdir un peu. Le champ était vraiment vaste. Je n'avais même pas vu cette case lorsque je faisais le tour du champ seul. Il sortit une loupe de sa poche :

CHAPITRE QUATRE

- Sais-tu faire un feu avec ça ? Demanda-t-il en me tendant la loupe.

- Je ne crois pas qu'il soit possible de faire un feu avec une loupe. C'est impossible, lui répondis-je, croyant avec certitude à ce que je disais.

- C'est plus juste de dire « *je ne peux pas* » ou « *je ne sais pas* » plutôt que « c'est impossible » ne penses-tu pas ? N'oublie jamais que quelque chose peut être impossible pour toi alors que pour une autre personne, elle représente comme de l'eau à boire. Viens je te montre.

Il se dirigea vers une botte de paille, non loin de nous.

- Regarde bien ! Dit-il.

Il mit la loupe juste en dessus de la botte en l'inclinant en direction du soleil. Je voyais le soleil réfléchir sur la loupe. Quelques secondes plus tard, de la fumée commençait à se dégager de la botte pour ensuite se transformer en début de feu.

- Impressionnant ! Dis-je en haute voix.

Il retira la loupe et versa de l'eau sur la paille pour éteindre le feu.

- Alors c'est impossible ? Me demanda-t-il en souriant.

- Je ne sais pas où vous tirez vos connaissances Maître,

- Je suis un vieux et un éternel étudiant, j'ai acquis beaucoup d'expériences durant ma vie. Lorsque tu auras mon âge, tu te rendras compte que *l'expérience est la plus importante des connaissances, il faut vivre certaines choses pour mieux les comprendre*. Allons, rentrons dans la case maintenant.

La case était décorée d'un tapis, style marocain et de jolis fauteuils marocains aussi. Une bibliothèque remplie de livres était au coin et faisant face à un lit très bien fait. Il y avait une porte au fond de la case, qui sûrement, débouchait sur une toilette intérieure. Il me demanda de m'asseoir sur un des fauteuils. Juste à l'entrée à droite, un frigo barre de deux mètres environ de hauteur était installé. Il l'ouvrit pour sortir des fruits et des jus : « Régale-toi Abdou, tu l'as bien mérité. »

- Est-ce que tous ces fruits viennent du champ ? Demandai-je.

- Oui, ils viennent tous du champ, de même que le jus vient des fruits d'ici. Je consomme local, je cultive ce que je mange. Le ventre est sacré jeune homme, il faut bien surveiller ce qu'on y met.

Je commençais alors à manger les fruits, ils étaient frais et très délicieux. Nous sommes restés silencieux quelques instants dans la case, se reposant un peu de cette longue marche et il continua ses leçons :

- Tu as vu, comme la loupe a concentré les rayons du soleil pour nous donner du feu, ta concentration va faire de même pour créer des feux qui te permettront de brûler les voiles qui existent entre toi et tes réussites ou entre toi et ton Seigneur. La concentration c'est l'outil le plus efficace pour aller plus vite et aller de l'avant. C'est le pont entre tes objectifs et leur réalisation.

- J'ai été vraiment impressionné par l'effet de la loupe.

- Et tu seras bientôt plus impressionné par toi-même si tu appliques la concentration dans toutes les sphères de ta vie. Vois-tu, l'humanité n'a jamais été autant distraite que de nos jours. L'ennemie la plus dangereuse de la concentration que l'humanité n'a jamais connue c'est ça, dit-il avec énergie, me montrant son téléphone portable. Le téléphone est la plus grande source de distraction de tous les temps. Regarde combien d'applications tu as dans ton portable, combien de sources de distraction possible : Facebook, Twitter, Viber, WhatsApp, Snapchat, Yahoo, Gmail... pour ne citer que ceux-là. De nos jours tu peux voir des personnes

CHAPITRE QUATRE

en train de prier ou faire des évocations tout en manipulant leur téléphone. Penses-tu sérieusement que ces personnes-là sont concentrées à 100 % ?

- Je ne pense pas vraiment.

- Tout le monde est devenu distrait à cause du téléphone portable. Un père parle avec son fils qui l'écoute à peine car il est scotché sur son portable. Ainsi de même pour un mari à sa femme ou vice-versa, ou un collègue à un autre collègue. N'amène jamais ton portable dans ton SR et ne laisse personne y entrer avec son portable. S'il le faut même, fais une affiche dans laquelle tu écris « *Téléphone interdit dans ce lieu* » et colle-la partout à l'intérieur et à l'entrée. Emerson disait : « **La seule sagesse de la vie est la concentration** ; *le seul mal est la dissipation ; et il importe peu que nos dissipations soient grossières ou relevées... Tout ce qui nous enlève un jouet ou une illusion et nous renvoie au travail fructueux est bon pour nous.* » La seule sagesse de la vie c'est la *concentration*, rappelle-toi toujours cela ! Même dans ce monde, les gens qui parviennent à faire les plus grandes réalisations sont les personnes qui sont les plus concentrées.

- Je pense que la notion de concentration va beaucoup m'aider, je suis un vrai « multitâche ».

- C'est ça l'erreur de la plupart des personnes. Elles pensent qu'en faisant plusieurs choses à la fois, elles parviendront à faire plusieurs belles réalisations plus rapidement. Alors que c'est totalement le contraire. « *Non multa, sed multum.* »

- Pardon ! Je ne comprends pas ce que vous venez de dire en dernier. C'est quelle langue ?

- Cela signifie : « *Pas beaucoup de choses, mais beaucoup d'une seule chose.* » C'était le leitmotiv de Coke et avec ça, il a réalisé de belles choses.

- Je vais en faire mon leitmotiv aussi : « *Pas beaucoup de choses, mais beaucoup d'une seule chose* ».

- Je t'y encourage. Confucius a dit un jour : « *L'homme qui poursuit deux lapins à la fois n'en attrape aucun.* » Poursuis seulement un lapin à la fois. Viens mon fils, allons dehors maintenant, j'aimerais te montrer quelque chose. J'espère que tu as bien récupéré ?

- Oui Maître, je me sens de nouveau en pleine forme, j'ai retrouvé toutes mes forces pour être plus concentré.

- C'est bien alors. Il nous reste quelques petits trucs à voir ensemble.

Nous sommes sortis de la case et avons marché quelques mètres avant d'arriver près d'un puits qui avait à côté un système dont je ne comprenais pas l'utilité.

- Tu vois cette pierre-là ? Dit-il pointant du doigt une pierre qui était surplombée par un seau d'où tombaient des gouttelettes d'eau en direction de la pierre.

- Oui je la vois.

- Cette pierre, je l'ai installée ici avec tout ce système autour juste pour me rappeler toujours une chose.

Il fit une pause comme s'il réfléchissait aux mots qu'il allait utiliser avant de continuer : « Observe d'abord la pierre Abdou ! Qu'est-ce que tu remarques à première vue ? »

- C'est une pierre qui est dure à première vue et je vois un trou là où tombent les gouttelettes.

- Exactement, tu as bien observé. Cette pierre fait partie de celles qui sont les plus dures de la nature et pourtant ce sont ces faibles gouttelettes d'eau qui sortent de ce seau qui l'ont trouée. *Une gouttelette qui tombe continuellement au même endroit finit par percer la plus grande et dure pierre.* C'est ça la concentration

CHAPITRE QUATRE

fiston. Je viens toujours ici pour me rappeler que je dois être concentré dans tout ce que je fais pour arriver à percer tous les mystères de la vie.

- Très ingénieuse comme méthode de rappel.

- Il faut bien être ingénieux dans la vie pour progresser rapidement. Et avant d'être ingénieur il faut d'abord être ingénieux, dit-il en souriant. Sois concentré dans ta prière, sois concentré dans tes évocations, sois concentré dans ton travail, sois concentré dans tout ce que tu fais. La concentration dans l'évocation, c'est comme tirer de l'eau de ce puits, tu fais remonter l'eau grâce à ce système poulie-corde-seau, si la concentration coupe c'est comme si la corde coupait alors que le seau n'est pas encore arrivé. Réfléchis bien à cela.

- Je comprends bien !

- Tu vois ce puits, il fait quarante mètres de profondeur. Si, au lieu de creuser les quarante mètres à un seul point, nous avions creusé divers endroits par mètre, penses-tu que nous aurions de l'eau un jour ?

- Non. Il faut être concentré au même endroit pour atteindre les quarante mètres et l'eau. Je comprends parfaitement et je vois tous les avantages d'être concentré.

- Tu ne regretteras jamais d'être concentré. Que ton corps, ta tête et ton cœur soient toujours harmonieusement concentrés. Aie une préoccupation unique dans ce que tu fais à chaque instant ; oublie tout le reste du monde. « ***La qualité fondamentale, sûre, indispensable de toute étude est la concentration***, *a dit Charles Dickens. Mes facultés d'invention, mon imagination n'auraient jamais pu me servir comme elles l'ont fait si je ne m'étais astreint journellement, patiemment, laborieusement à concentrer mes pensées.* »

- Très belle citation. Je ne savais pas que vous connaissiez Charles Dickens.

Il rit et continua son discours.

- Il est difficile de nos jours de voir des personnes qui peuvent arriver à se consacrer à une tâche plus de dix minutes sans avoir un moment de relâchement.

- Vous avez raison, je souffre de ce problème même au bureau.

- Thomas Edison disait : « *La première condition du succès est la capacité d'appliquer vos énergies physiques et mentales à un problème sans vous lasser.* » Il faut apprendre donc à être concentré dans tout ce que tu fais, à rassembler toutes tes énergies sur une seule chose. Une chose à la fois ; applique ce principe et tu deviendras extraordinaire au bureau mais aussi tu atteindras des niveaux élevés dans la spiritualité. Dans n'importe quelles conditions, même les plus difficiles, reste concentré. Tu sais que c'est par seulement une concentration absolue que les fakirs de l'Inde et des Indiens de l'Amérique du Nord arrivent à résister à la douleur ou ne la perçoivent même pas ?

- Ça devient intéressant la concentration, je ne vais plus sentir la douleur un jour, lui dis-je en riant.

IL rit et dit :

- En priant, concentre-toi sur ta prière et sur ce que tu dis ; lors des invocations concentre-toi sur le sens des mots que tu prononces. Il faut arriver à développer le niveau de concentration d'Archimède.

- Archimède vous dites ? Vous le connaissez aussi ?

- Oui, Archimède le grec, le grand scientifique et philosophe. J'ai beaucoup étudié les histoires anciennes. N'oublie pas que je suis un éternel étudiant.

CHAPITRE QUATRE

Décidément il ne cessait de m'impressionner. Il avait un réel avantage car, bien qu'étant entièrement imbibé des connaissances religieuses, il connaissait la science, la philosophie, la nature, bref toutes les sciences qui pouvaient lui être utiles. Il continua sur Archimède :

- À la prise de Syracuse par les Romains, Archimède dessinait avec sa canne sur le sable un plan qu'il devait exécuter pour la défense de la ville. La concentration de sa pensée était telle que, malgré le tumulte et les cris de détresse de ses concitoyens, ne voyant pas que l'armée victorieuse était, à quelques pas derrière lui, il fut tué par un ennemi sans même l'avoir aperçu.

- C'est affreux et impressionnant en même temps.

- Très impressionnant, raison pour laquelle il a réalisé beaucoup de choses durant sa vie. On demandait à Veïs (*qu'Allah l'agrée*) : « *Quel état de recueillement convient-il d'avoir dans la prière ? – Un état tel, répondit-il, que, si quelqu'un te frappe avec une hache, tu ne t'en aperçois pas.* »

- Je ne pense pas que je pourrai atteindre ce stade un jour.

- Ne dis pas cela, ne te limite jamais dans la vie. Il faut toujours tendre vers la perfection et continuer de faire des efforts.

- Moi, si « dispersé », comment puis-je faire pour acquérir la concentration ?

- Très belle question. Je vais te donner quelques exercices qui te permettront de développer ta concentration petit à petit. Mais avant il y a quelques préalables à la concentration. Il faut avoir une bonne hygiène de vie pour augmenter ton niveau de concentration : bien dormir, bien manger, faire une activité physique chaque jour. Voici quelques techniques, des exercices que tu pourras pratiquer chaque jour :

✓ ***La technique du cœur de rose.*** C'est une technique utilisée par les moines du Tibet. L'idée c'est de chercher une rose et

pendant dix à trente minutes par jour, selon ta disponibilité, te concentrer uniquement sur le cœur de cette rose. Imagine-toi même que le monde entier se trouve résumé dans cette rose et que l'univers ne contient que lui et toi. Mais à la place de la rose, tu peux utiliser un tableau où est écrit le nom d'Allah ou celui du Prophète Mouhamed (*Paix et Salut sur Lui*) et tu fais l'exercice avec. Ramène ton esprit à chaque fois qu'il divague. Tu peux commencer par de petits exercices d'une à deux minutes et augmenter petit à petit la durée. Le plus important c'est de faire l'exercice dans un lieu où tu es sûr de ne pas être dérangé, comme dans ton *SR* par exemple.
- ✓ *La lecture* : C'est un excellent exercice de concentration. Choisis un livre intéressant et lis chaque jour pour au moins trente minutes. Et pendant cette durée, ne laisse pas ton esprit divaguer sur autre chose. À chaque fois qu'il sort du livre, ramène-le immédiatement. De cette façon tu arriveras à devenir maître de tes pensées et tu auras la possibilité de les canaliser selon ta volonté.
- ✓ *La respiration abdominale :* Tu peux aussi te concentrer sur ta respiration pendant un certain temps. C'est une très bonne méthode.
- ✓ *Concentration sur les mots* : Durant tes séances d'évocation, essaie de te concentrer au maximum sur les mots que tu prononces. Et chaque fois que tu penses à autre chose ramène ton esprit. Tu finiras par en faire une habitude.
- ✓ Et la dernière c'est *la méditation*. Mais je reviendrai plus en détail sur ça la prochaine fois.

- Je vais commencer ces techniques dès demain s'il plaît à Dieu.

- Il faut les faire et tu verras le résultat. Tout début est difficile mais avec le temps ça ira. Ralph Waldo Emerson disait : « *Ce que nous faisons devient plus aisé lorsque nous persévérons, non que la nature de ce que nous accomplissons ait changé, mais notre capacité à le faire a augmenté.* » Passons maintenant à la

CHAPITRE QUATRE

prochaine lettre : le « *E* » de notre **PROCEDE** représente l'*Endurance*. Tu atteindras tes plus grands vœux en étant endurant.

- Voilà quelque chose dont j'ai vraiment besoin, l'endurance. Je n'ai jamais été très endurant dans la vie, j'abandonne tout ce qui risque de durer. Même à un moment donné j'ai failli abandonner ma formation d'ingénieur. Et je me plaignais toujours de chaque problème qui m'arrivait.

- Je vois, mais je suis sûr que tu vas changer maintenant. Sache que Dieu est avec les endurants. Si tu manifestes un peu d'effort pour changer, je suis sûr qu'Il va t'y aider. Le Prophète Mouhamed *(Paix et Salut sur Lui)* a dit dans un Hadith : « *Celui qui persévère, Allah lui donne la patience. Et aucun homme n'a reçu de meilleur et de plus large don que la patience.* » Alors, persévère toujours. C'est Dieu même qui nous recommande l'endurance. Dans le Saint Coran, Il nous dit : « *ô les croyants !* **Soyez endurants. Incitez-vous à l'endurance.** *Luttez constamment (contre l'ennemi) et craignez Allah, afin que vous réussissiez !* »[42]

- Pouvez-vous me décrire un peu l'endurance ?

- Avec grand plaisir mon fils. C'est :

- ✓ Supporter les problèmes, les maux et l'adversité sans jamais se plaindre, ni perdre espoir.
- ✓ De ne pas se hâter, de prendre le temps nécessaire pour réaliser une bonne chose et d'éviter d'être négligent.
- ✓ Avoir le courage de lutter contre les innombrables et malsaines tentations et influences qui sont autour de nous, et qui ne cessent jamais de nous attirer.
- ✓ Avoir la volonté inébranlable de se diriger vers le bien pour atteindre de louables objectifs.

---

[42] Sourate 3, Verset 200

ALCHIMISTE DES COEURS

L'endurance est divisée en trois catégories : *l'endurance dans l'obéissance de Dieu, l'endurance face à la désobéissance et l'endurance face à l'adversité que ça soit l'adversité venant de Dieu ou celle venant des gens.* Voilà de façon ramassée l'endurance.

- Merci beaucoup, votre explication est très claire.

- Tu vois alors comment l'endurance est indispensable dans la vie de la personne ?

- Oui c'est vrai, je trouve que c'est une vertu très importante dont j'ai toujours manqué.

- Dieu dit dans le Saint Coran : « *Nous vous éprouverons sûrement un tant soit peu par la peur, la famine, la réduction des biens, des personnes et des récoltes.* ***Et annonce la bonne nouvelle aux patients.*** »[43] Dieu nous éprouvera tous sûrement par la peur, la famine, la réduction des biens, des personnes et des récoltes, mais si nous sommes endurants, Il nous remplacera tout cela par une meilleure récompense. Seydina Ali (*qu'Allah l'agrée*) a dit : « *Sache que la patience est pour la foi ce que la tête est pour le corps ; si on coupe la tête, le corps s'écroule.* » Sois endurant dans le fait d'accomplir les bonnes actions, endurant dans le fait d'apprendre les obligations, endurant dans l'accomplissement des recommandations de Dieu, endurant dans le fait d'abandonner les interdits, endurant dans le fait de supporter les injustices des créatures, endurant dans le fait de lutter contre tes passions.

- Je vous promet que je le serai dorénavant.

- Et si tu réfléchis bien, tu sauras qu'il est beaucoup plus facile d'endurer pour éviter de faire une mauvaise action ici-bas que d'endurer le feu de l'enfer dans la vie future.

---

[43] Sourate 2, Verset 155

CHAPITRE QUATRE

- Vous avez parfaitement raison. Le monde est temporaire alors que la vie d'après est éternelle.

- Le monde est éphémère fiston. Supporte les épreuves et vis de manière correcte. Habitue ton corps, ton cœur et ton âme à supporter les adversités de la vie sans jamais te décourager, ni te plaindre. Il faut avoir ce que j'appelle une *patience active.*

- C'est quoi une patience active ?

- La patience active c'est le fait d'être patient, endurant, tout en cherchant des solutions et ne pas faire partie du lot des gens qui disent toujours « Dieu est bon » sans jamais bouger les pieds. *Il faut se bouger pour faire bouger les choses.* Tu sais, dans la vie, même si tu demandes à Dieu une chose, tu dois te donner les moyens de l'obtenir. Dieu nourrit tous ces oiseaux que tu vois mais Il ne lance jamais la nourriture directement dans leurs nids. Ils sont obligés de bouger pour se nourrir n'est-ce pas ?

- Oui, c'est vrai.

- Il est impossible de vivre sans subir d'épreuves. Donc, il est préférable de les accepter et d'avoir toujours confiance en Dieu avec une fermeté absolue ; dis-toi que tout ce qui arrive, arrive pour une bonne raison. Dieu dit dans le Saint Coran : « *Nous vous éprouverons certes afin de distinguer ceux d'entre vous qui luttent [pour la cause d'Allah] et qui endurent, et afin d'éprouver [faire apparaître] vos nouvelles.* »[44] Tu vois, ce champ est un exemple parfait de l'importance de l'endurance. Regarde toutes ces plantes-là, penses-tu qu'elles sont sorties de terre en une seule journée ?

- Non ! Non ! Ça a pris du temps.

- Regarde ces maïs-là, je suis sûr que tu as envie de les mettre au petit feu pour ensuite les déguster, me dit-il avec un sourire alors que nous étions en face de la rangée des maïs.

---

[44] Sourate 47, Verset 31

- Vous avez parfaitement raison, c'est comme si vous lisiez dans mes pensées, j'aime bien le maïs.

Il sourit encore et continua de parler.

- Nous allons en manger après, ne t'inquiète pas. Mais regarde bien, ce maïs, avant de devenir maïs par combien d'épreuves est-il passé ? D'abord la graine a été enterrée sous terre où elle a rencontré tellement d'épreuves : *la chaleur, la saleté, la mauvaise odeur, les insectes...* mais elle a résisté, elle a été endurante, tout ça pour sortir de terre et commencer à devenir une plantule. Et en tant que plantule aussi combien d'épreuves a-t-il surmontées avant de devenir une plante de maïs : *les vents, les pluies, les oiseaux, les insectes, les hommes.* Il a résisté à tout pendant des mois pour pouvoir t'offrir aujourd'hui ce joli maïs que tu as tellement envie de manger. La prochaine fois que tu seras devant un bon plat de couscous, pense à toutes ces étapes. Le Prophète Mouhamed (*Paix et Salut sur Lui*) a dit : « *Le croyant est comme un bouquet de plantes exposé au vent qui tantôt le défait et tantôt le coiffe jusqu'à ce qu'arrive son terme. Et le mécréant est comme un cèdre blotti sur lui-même que rien n'atteint jusqu'à ce qu'il soit déraciné d'un seul coup.* »

- C'est vraiment fascinant, je n'avais jamais fait attention à tous ces détails sur le maïs.

- Dorénavant, fais attention à tout ce qui t'entoure, tu ne seras qu'émerveillé. La nature est le meilleur maître, le plus grand enseignant qui existe. Et je pense que les scientifiques ont compris cela aujourd'hui, raison pour laquelle ils commencent à adopter l'approche appelée « *Biomimétisme* ».

- Voilà un terme encore que j'entends pour la première fois. Je vois que vous êtes largement en avance sur moi.

- C'est parce que je suis plus vieux que toi, dit-il en souriant. Le *biomimétisme* est une démarche pluridisciplinaire qui consiste à

CHAPITRE QUATRE

étudier les modèles de la nature et à reproduire les propriétés essentielles (*formes, matériaux ou processus*) des systèmes biologiques en vue de résoudre des problèmes technologiques. Tu peux regarder sur internet pour avoir plus d'informations.

- D'accord, je vais mieux me renseigner sur ça. Comme il parle de technologie, je suis sûr que ça va beaucoup m'intéresser.

- C'est juste pour te montrer que les belles choses prennent du temps pour se matérialiser. Tu vois, si Dieu voulait, tu allais naître en un seul jour mais Il a préféré te garder dans le ventre de ta maman pendant neuf mois en te faisant passer par plusieurs étapes. Dieu te fait passer par des épreuves des fois pour tester ta foi. Dans le Saint Coran il est dit : « *Les hommes pensent-ils qu'on les laissera dire : " Nous Croyons ! " Sans les éprouver ? Oui, Nous avons éprouvé ceux qui vécurent avant ceux-ci. Allah connaît parfaitement ceux qui disent la vérité et Il connaît les menteurs.* »[45] J'aime bien cette citation qui dit : « *Ne demande pas à Dieu d'alléger ta charge mais demande à Dieu de renforcer ton dos.* »

- Je la trouve très inspirante.

- En parlant de maïs, je me rappelle une histoire intéressante.

Au Salon de l'Agriculture, un agriculteur qui a été primé trois années de suite pour la qualité de son maïs, a révélé au cours d'une interview qu'il partageait sa semence avec ses voisins.

Perplexe, le journaliste a demandé : "Comment pouvez-vous vous permettre de partager votre meilleure semence avec vos voisins qui sont en concurrence avec vous chaque année ?"

Le fermier sourit et explique : « Le vent décroche le pollen du maïs de maturation et le répand d'un champ à l'autre. Si mes voisins cultivent du maïs de qualité inférieur, la pollinisation croisée va constamment diminuer la qualité de mon maïs. Si je

---

[45] Sourate 29, Versets 2 et 3

veux cultiver du bon maïs, je dois aider mes voisins à cultiver un maïs de bonne qualité. "Il en est ainsi de la vie des êtres humains. Ceux qui veulent vivre de façon significative et bien, doivent contribuer à enrichir la vie des autres. Car le bien-être de chacun est lié au bien-être de tous.

- Ce fermier est à la fois gentil et intelligent.

- Oui c'est vrai. Pour revenir à notre sujet, demande à Dieu de renforcer ton dos et de renforcer ta foi afin de mieux supporter les épreuves qui t'arrivent. Bien des épreuves renferment des cadeaux et de la miséricorde. D'ailleurs, la miséricorde d'Allah ne quitte pas le croyant, tant que sa foi ne chancelle pas dans les crises et que sa certitude ne flanche pas dans les moments difficiles : « *Nous vous éprouvons par un peu de crainte, de faim ; par des pertes légères de biens, d'honneurs ou de récoltes. Annonce la bonne nouvelle à ceux qui sont patients, à ceux qui disent, lorsqu'un malheur les frappe : Nous sommes à Allah et nous retournons à Lui. Voilà ceux sur lesquels descendent des bénédictions et une miséricorde de leur Seigneur. Ils sont bien dirigés.* »[46]

- Je vais devenir un grand endurant Maître, je vous le promets.

- Considère chaque épreuve comme un cadeau. Le Prophète Mouhamed (*Paix et Salut sur Lui*) a dit : « *Il n'est pas une fatigue ou une maladie, ou un souci, ou une peine, ou un mal, ou une angoisse qui touche le musulman, jusqu'à l'épine qui le pique, sans que Dieu ne lui efface, à cause de cela, une partie de ses péchés.* » Je vais te raconter une autre histoire si tu veux bien.

- Bien sûr, je vous écoute Maître, j'aime vos histoires.

- Ça me fait très plaisir de le savoir. L'histoire s'appelle « Les cailloux magiques »

---

[46] Sourate 2, Versets 155 à 157

CHAPITRE QUATRE

« Un soir, des nomades se préparaient à se retirer pour la nuit lorsqu'ils furent entourés d'une lumière intense. Ils se savaient en présence d'un être céleste. Avec beaucoup d'impatience, ils attendirent un message divin d'une grande importance qui leur était destiné tout particulièrement.

Enfin une voix se fit entendre : " Ramassez autant de cailloux que vous le pouvez. Placez-les dans les sacoches de vos selles. Voyagez toute une journée et demain, quand viendra la nuit, vous serez à la fois heureux et tristes. "

Après coup, les nomades partagèrent leur déception et leur colère. Ils s'attendaient à la révélation de la grande vérité universelle qui leur aurait permis de donner au genre humain la richesse, la santé et un but. À la place, on leur donnait une tâche domestique dénuée de sens pour eux. Cependant, le souvenir de l'aura de leur visiteur les incita à ramasser tout de même les cailloux et à les déposer dans leurs sacoches, tout en continuant d'exprimer leur mécontentement.

Ils voyagèrent toute une journée et, le soir venu, pendant qu'ils dressaient leurs camps, ils ouvrirent leurs sacoches et découvrirent que chaque caillou ramassé s'était transformé en diamant.

Ils étaient heureux de posséder des diamants. Ils étaient tristes de ne pas avoir ramassé plus de cailloux ! »

- J'imagine bien leur tristesse. S'ils savaient, ils allaient amasser le maximum possible de cailloux et accepter de souffrir temporairement.

- En effet. Comme ces cailloux, les obstacles, les épreuves, les difficultés qui tu rencontres se transformeront un jour en diamants, si tu oses les affronter et les endurer. *Rappelle-toi qu'à force de faire facile dans la vie, on risque de ne rien faire de bon.* Endure les épreuves que tu rencontres, un jour elles se transformeront en diamants.

- C'est bien noté.

- L'endurance te permet aussi de supporter les actes que te font tes prochains. Dieu a dit : « *La bonne action et la mauvaise ne sont pas pareilles. Rends le mal par le bien ; tu transformeras ainsi un ennemi avéré en un ami intime ;* **Seuls les gens patients peuvent y parvenir**, *seuls ceux qui ont un haut rang peuvent y parvenir.* »[47] Le Prophète Insa (*que la Paix soit sur Lui*) ne cessait de dire aux fils d'Israël : « *Vous avez appris qu'il a été dit : "œil pour œil et dent pour dent". Et moi, je vous dis de ne pas résister au méchant. Au contraire, si quelqu'un te gifle sur la joue droite, tends-lui aussi l'autre. À qui veut te mener devant le juge pour prendre ta tunique, laisse aussi ton manteau. Si quelqu'un te force à faire mille pas, fais-en deux mille avec lui. À qui te demande, donne ; à qui veut t'emprunter, ne tourne pas le dos.* » Donc, celui qui te fait du bien, fais-lui du bien, du bien et du bien. Celui qui te fait du mal, endure, fais-lui du bien et pardonne-lui mais ne riposte pas. Dieu a dit : « *Et celui qui endure et pardonne, cela en vérité, fait partie des bonnes dispositions et de la résolution dans les affaires.* »[48]

- J'essaierai de toujours pardonner pour le restant de ma vie.

- Comme l'a si élégamment dit Mark TWAIN : « *Le pardon est comme le parfum que la violette répand sur le talon qui l'a écrasée.* » Tu as vraiment besoin de l'endurance. Être endurant est une qualité très noble car elle t'aide aussi à résister aux plaisirs éphémères que procurent certains actes interdits.

- Cela me rappelle Maître quelques paroles des épicuriens que j'avais apprises au lycée : « *Prends le plaisir qui n'est suivi*

---

[47] Sourate 41, Versets 34 à 35
[48] Sourate 42, Verset 43

CHAPITRE QUATRE

d'aucune peine. Fuis la peine qui n'apporte aucun plaisir. Accepte la peine qui te délivre d'une peine plus grande. Fuis le plaisir qui te prive d'un plaisir plus grand. »

- Quelles belles paroles, cela résume tout ce que je viens de dire. Sais-tu que même les personnes qui ont la capacité de reporter leurs plaisirs sont celles qui réussissent le mieux dans la vie ? Luqman a donné des conseils intéressants à son fils, je te les donne aussi fiston : « *ô mon enfant, accomplis la Salat, commande le convenable, interdis le blâmable et endure ce qui t'arrive avec patience. Telle est la résolution à prendre dans toute entreprise ! »*[49]

- Merci pour ces conseils.

- Le Prophète Mouhamed (*Paix et Salut sur Lui*) a dit : « *La patience est une lumière !* », éclaire-toi avec fiston ! Il (*Paix et Salut sur Lui*) a dit aussi : « *C'est merveilleux ! Tout ce qui arrive au croyant lui est favorable. Aucun autre n'a ce privilège : S'il est heureux, il remercie Dieu et c'est bien pour lui ; s'il est malheureux, il se résigne et c'est bénéfique pour lui.* »

- C'est important alors d'être endurant. Je ne savais pas tout cela sur l'endurance.

- Très important et le meilleur reste à venir. Dieu mentionne huit façons dont Il honore l'endurant :

✓ Le premier est **l'amour d'Allah** : « *Et Allah aime les endurants.* »[50]
✓ Le second est **le secours d'Allah** : « *Et Allah est vraiment avec les endurants.* »[51]
✓ Le troisième est **la demeure au Paradis** : « *Ceux-là auront pour récompense un lieu élevé [du Paradis] à cause de leur endurance, et ils y seront accueillis avec le salut et la paix,* »[52]

---

[49] Sourate 31, Verset 17
[50] Sourate 3, Verset 146
[51] Sourate 2, Verset 249
[52] Sourate 25, Verset 75

- ✓ Le quatrième est *la pleine récompense,* Allah dit : « *La terre d'Allah est vaste **et les endurants** auront **leur pleine récompense sans compter.*** »[53]
- ✓ Les quatre autres façons à savoir, **la bonne annonce, des bénédictions de leur Seigneur, la miséricorde** et **la guidance,** sont mentionnées dans les versets suivants : « *Très certainement, Nous vous éprouverons par un peu de peur, de faim et de diminution de biens, de personnes et de fruits. Et fais **la bonne annonce aux endurants**, qui disent, quand un malheur les atteint : "Certes nous sommes à Allah, et c'est à Lui que nous retournerons". Ceux-là reçoivent **des bénédictions de leur Seigneur,** ainsi que **la miséricorde** ; et ceux-là **sont les biens guidés.*** »[54]

- Tout cela est vraiment intéressant.

- Oui. Je pense que nous en avons terminé avec ce point, retiens juste ce verset : « ***Et si vous endurez… cela est meilleur pour les endurants.*** »[55] Si tu endures, cela est meilleur pour toi fiston.

Je regardai ma montre, il était déjà midi passé.

- Passons aux deux derniers points, il est bientôt l'heure de la prière. Que représente le « D » selon toi ?

- Je pense que c'est la Droiture.

- Oh ! Cette fois-ci tu es passé à côté. La lettre « ***D*** » de notre **PROCEDE** représente la ***Discipline***. Sans la discipline tu ne peux réaliser rien de bon, tu n'atteindras nulle part. C'est la discipline qui te permet de te lever le matin pour prier quand ton réveil sonne alors que la chaleur à l'intérieur de ta couette veut te retenir. C'est la discipline qui te permet de respecter toutes les prières. C'est elle qui te permet, le soir, de retour du bureau, alors que tu es fatigué,

---

[53] Sourate 39, Verset 10
[54] Sourate 2, Versets 155 à 157
[55] Sourate 16, Verset 126

de faire tes prières et invocations, peu importe combien de temps cela va te prendre. Sans la discipline, tu n'atteindras jamais tes objectifs. C'est le pont qui se trouve entre tes objectifs et leurs réalisations. Sans la discipline, tu ne respecteras pas les engagements que tu as pris vis-à-vis de toi-même, vis-à-vis des autres et vis-à-vis de Dieu. Et c'est cette discipline qui te permet d'avoir de la constance dans ce que tu fais.

- La discipline est nécessaire alors pour arriver à des résultats intéressants.

- Oui mon cher, ça l'est plus que tu ne peux l'imaginer. Je peux dire que c'est le point le plus important de ce procédé car c'est la discipline qui te permet de respecter la purification, de bien choisir tes relations, elle te permet de bien t'orienter et de rester sur cette bonne voie, elle t'aide à respecter les exercices de concentration pour devenir plus concentré dans tout ce que tu fais, et elle t'aide à être endurant.

- C'est vrai qu'elle représente la pièce maîtresse alors.

- La discipline permet de prendre ton temps dans ce que tu fais et d'y aller pas à pas, sans essayer de sauter des étapes. Elle te permet d'avoir un bon rythme. Au lieu de faire de temps en temps de grandes actions que tu ne maîtrises pas trop, tu feras chaque jour de petites actions maîtrisées et bien calculées. Tu ne tomberas pas dans le piège de t'engager à faire plusieurs choses et que tu n'es pas sûr de respecter, même une seule. Les gens qui manquent de discipline sont souvent ceux pressés de réussir ; que ça soit professionnellement ou spirituellement. Il faut faire les choses selon tes moyens et commencer par le plus petit jusqu'au plus grand. Fais attention ! Ne fais pas une chose parce que tu as vu quelqu'un d'autre le faire et le réussir. Connais toujours l'objectif de chacune de tes actions, les avantages, les inconvénients, la manière de faire et les préalables. Tu verras aussi que les gens qui manquent de discipline sont ceux qui passent des heures devant la télé à regarder des émissions ou séries sans apport particulier alors qu'ils n'ont pas encore fait leurs obligations.

- Ça, j'en sais quelque chose, dis-je avec un sourire.

- Il y en a des milliers dans ce pays. La discipline t'aide à te concentrer sur tes priorités et de faire ce que tu as à faire, que cela te plaise ou non. Elle t'aide à avoir de grandes victoires sur toi-même. Comme disait Platon : « *La victoire sur soi est la plus grande des victoires.* »

- Je pense qu'il me reste beaucoup de batailles à gagner contre moi-même, surtout le fait de me réveiller tôt.

- Tu vas y arriver, j'en suis sûr. Ce que tu as à en gagner est plus important que la douleur que tu vas ressentir au début. Les premiers jours, tu auras sans doute de grandes difficultés à te lever à cause de tes résistances internes. Mais, si tu persévères, tu verras qu'en quelques semaines cela va devenir naturel. Il est très difficile d'ancrer de nouvelles habitudes, mais une fois que c'est fait, c'est pour la vie.

- Je l'espère bien alors.

- Il faut savoir ceci : « *Nous devons tous souffrir de l'un des deux maux suivants : la contrainte de la discipline ou les regrets du manque de discipline* », à toi de choisir.

- Qu'est-ce que je peux faire pour acquérir cette discipline ?

- Voici quelques conseils que tu peux utiliser mais d'abord il faut te concentrer sur les avantages que tu vas tirer de la discipline et lutter contre toutes les fausses excuses.

- ✓ ***Il faut commencer petit*** comme je te l'ai dit tout à l'heure. Vouloir opérer plusieurs changements en une seule fois est très difficile. Donc, commence par de petites actions simples et augmente la dose graduellement.

CHAPITRE QUATRE

- ✓ ***Sois organisé***. Il faut planifier tes journées, définir chaque action à faire pour éviter les oublis et essaie de respecter ton agenda autant que possible. La discipline c'est commencer mais c'est aussi savoir terminer les choses, aller au bout des activités.
- ✓ ***Créer la routine*** : établir des routines quotidiennes permet de créer les habitudes facilement. Une action que l'on répète finit par devenir automatique. *« Nous devenons ce que nous faisons continuellement. L'excellence n'est pas un exploit, c'est une habitude !* » a dit Ric Charlesworth.
- ✓ ***Récompense-toi régulièrement*** : après chaque petite victoire sur toi-même, récompense-toi, cela te motive davantage.

- Merci beaucoup grand Maître pour ces conseils sur la discipline. Je vais les appliquer. Que représente maintenant le dernier « E » de notre procédé ? Je suis impatient de le savoir.

- Je vois que tu t'es accaparé du procédé et cela me fait plaisir. Mais juste une dernière chose avant de passer au dernier point : sache que vouloir réussir dans la vie sans sacrifices c'est comme vouloir un arc-en-ciel sans pluie. Koan Zen a dit un jour : *« Recherchez la liberté et vous deviendrez esclave de vos désirs. Recherchez la discipline et vous trouverez la liberté »*. Recherche la discipline et tu seras libre à jamais.

- C'est noté. Je serai discipliné et deviendrai libre.

- Le dernier « *E* » de notre **PROCEDE** est là pour te rappeler l'importance de *l'Ethique*. Voilà encore un point que beaucoup de personnes négligent de nos jours, que ça soit en entreprise ou dans la société : L'éthique.

- Oui je l'ai constaté aussi. Je l'ai souvent négligé moi-même.

- Sache que c'est l'éthique qui te permettra de préserver ton honneur, de manger que ce qui est licite pour toi, de respecter tout le monde, d'être respecté et respectable et de ne jamais sombrer dans la délinquance. Soit *foncièrement éthique*. C'est l'éthique qui te permet aussi de protéger ton image personnelle. *Il prend du temps à se bâtir une image et quelques secondes seulement pour la détruire.*

- C'est absolument vrai, il est très facile de se faire une mauvaise image.

- Tout à fait. Une seule mauvaise action que tu fais peut détruire l'image de toutes les belles actions que tu as faites avant. Donc, ne contourne jamais les règles. L'islam a établi des règles très claires qui permettent à chaque personne qui les suit de réussir. Alors, respecte-les toujours. L'islam est un mode de vie complet et sa finalité est de permettre à l'homme de développer une bonne moralité. Dieu n'a pas glorifié dans le Saint Coran la richesse du Prophète Mouhamed (*Paix et Salut sur Lui*), ni quoi que ce soit d'autre sauf sa grande moralité : « *Tu jouis certainement (ô Mohammad)* **d'une très grande moralité**. »[56]

- Oui cela est vrai.

- Sois honnête avec toi-même et avec les autres. Sois aussi digne de confiance et traite toujours les gens comme tu aimerais être traité. C'est la règle d'or. Le Prophète Mouhamed (*Paix et Salut sur Lui*) a déclaré : « *Un noble caractère dissout les péchés de la même manière que l'eau fond la glace ; et un mauvais caractère altère une action comme le vinaigre altère le miel !* » Aie toujours un bon caractère ! Dis ce que tu penses, fais ce que tu dis et agis toujours en accord avec ta conscience en respectant les règles. Regarde ce bois-là, dit-il, pointant son doigt sur une jolie espèce qui était devant nous.

- C'est joli, c'est de quelle plante ?

- Oui c'est beau mais appuie un peu sur le bois.

---

[56] Sourate 68, Verset 4

CHAPITRE QUATRE

Je faisais alors ce qu'il dit et le bois se cassa, il n'y avait rien à l'intérieur, les termites avaient tout mangé. Je fus très surpris. Il me dit alors :

- Fiston ! Ne sois pas comme ce bois : montrer de la beauté à l'extérieur alors que ton intérieur est entièrement pourri. Que ton extérieur colle avec ton intérieur, c'est ça l'éthique.

- Très bien résumé.

- Montrer de la beauté à l'extérieur c'est facile, très facile même ; alors que le plus important c'est la beauté intérieure. Écoute bien cette histoire : « *Un jour, il y avait trois vendeurs de raisin. Chacun tenait un type de raisin différent - noir, vert et jaune. Ils ne cessaient de se quereller parce que chacun pensait que son raisin était le meilleur du monde.*

Un soufi passa par là et, les entendant se quereller, il prit des grappes à chaque vendeur, les mit dans un seau et les pressa ensemble. Il but le jus et jeta les peaux, parce que ce qui compte, c'est l'essence du fruit, pas sa forme extérieure. »

- Je me souviendrai pour toujours de cette histoire. Elle est remplie d'enseignements.

- Sois toujours pieux et humble à la fois, que ça soit devant Dieu ou devant les personnes. La piété et l'humilité représentent les qualités les plus fondamentales du musulman. Luqman a conseillé à son fils : « *Ne détourne pas ton visage de tes semblables par mépris (envers eux) et ne foule pas la terre avec insolence ; car Dieu n'aime pas l'arrogant infatué de sa personne. Sois plutôt modeste dans ta démarche, et abaisse le ton de ta voix, car la plus détestée des voix, c'est bien celle de l'âne !* »[57]

- Voila de très bons conseils, je tâcherai de les suivre.

---

[57] Sourate 31, Versets 18 et 19

ALCHIMISTE DES COEURS

- Dieu a résumé ce qu'est la piété dans le Saint Coran : « *La piété ne consiste pas à tourner vos visages vers l'Est ou l'Ouest ; mais pieux est celui qui croit en Dieu et au Jour dernier, aux Anges, au Livre et aux Prophètes, et qui donne ses biens, par amour pour Dieu, à ses proches, aux orphelins, aux indigents, aux voyageurs, à ceux qui demandent (de l'aide) et pour libérer des esclaves ; [et pieux est celui] qui observe assidûment ses prières et qui paie la zakat. Et [sont pieux] ceux qui respectent leurs engagements lorsqu'ils s'engagent, et ceux qui sont patients en période de tribulations, d'adversité et de grande tension. Les voilà, ceux qui sont sincères et les voilà ceux qui craignent vraiment Dieu.* »[58] Voilà mon fils le **procédé** que je voulais te transmettre aujourd'hui, raison pour laquelle je t'ai amené dans ce champ. J'espère que tu as apprécié.

- Merci beaucoup pour ce procédé intéressant, je suis certain qu'il sera très efficace pour moi et pour beaucoup d'autres personnes.

- Je l'espère aussi. Juste pour terminer, n'oublie jamais que : « *Qui sème la foi, récolte le salut* » et « *Ne périt point celui qui a des racines profondes dans la foi, et sa moisson ne connaîtra point de sécheresse.* » Nous en avons fini pour aujourd'hui, donne-moi dix minutes, le temps que je parle avec les employés, je te dépose ensuite. Profites-en encore pour contempler le champ et réfléchir sur tout ce que je t'ai dit.

Il disparut entre les arbres. Je restais là comme une statue en train de réfléchir sur ce **PROCEDE** génial que m'avait donné mon maître, c'était vraiment une méthode splendide qui me permettrait d'améliorer carrément ma vie. Je revoyais les analogies qu'il avait faites et m'étais dit : « *il a vraiment bien choisi le lieu pour me donner cette leçon* ». C'étaient des leçons tellement efficaces et faciles à comprendre. Je savais que j'allais mettre en pratique ces

---

[58] Sourate 2, Verset 177

conseils et faire tout pour transmettre aux autres ce *procédé* puissant. J'allais pouvoir me *purifier* et purifier mes *relations*, en définissant une *orientation* très claire pour ma vie, je serai armé d'une *concentration* sans failles et d'une *endurance* jamais égalée tout en étant *discipliné* et foncièrement *éthique*.

Dix minutes plus tard il revient avec un grand sachet à la main.

- Tiens, c'est pour toi. Il y a toutes les variétés de fruits et de légumes qu'il y a dans ce champ, il y a même des maïs, c'est pour toi, tu l'as bien mérité. Tu as été un élève modèle aujourd'hui. J'apprécie beaucoup ta concentration et je suis très fier de toi.

Je pris le sachet et ne savais même pas quoi dire, tant sa gentillesse m'avait touché. Il me délivrait tout son savoir gratuitement et me donnait en même temps des récompenses. Et il ne cesse jamais de m'encourager. Je finis par sortir : « MERCI BEAUCOUP Maître ! »

- Allons-y maintenant, j'ai du travail qui m'attend.

- Vous ne vous reposez jamais par hasard ?

- Ne t'inquiète pas, j'ai acquis l'habitude et tu comprendras lors de notre prochaine rencontre le pourquoi je ne me repose pas beaucoup. Tiens ça, j'allais oublier.

Il me tendit une carte qu'il sortit de sa poche droite.

- C'est l'endroit de notre prochaine rencontre, ne sois pas effrayé, et, s'il te plaît, sois à l'heure. Il y a un évènement fascinant auquel tu dois assister et que tu risques de rater si tu viens en retard. Je sais que tu es quelqu'un de ponctuel et j'apprécie beaucoup cela de toi mais cette fois-ci, sois vraiment très ponctuel !

- D'accord, comptez sur moi.

Je regardais la carte et je pouvais lire ceci : « Troisième rencontre : Cimetière national à 15 h 00, le 21 octobre 2012 ». Je

retournais la carte pour voir ce qu'il y avait derrière : « *Personne ne veut mourir. Même les gens qui veulent aller au Paradis ne veulent pas mourir plus vite pour y aller. Et pourtant, la Mort est notre destin à tous. Personne n'y a jamais échappé. Et c'est ainsi que cela doit être, parce que la Mort est sans nul doute la meilleure invention de la Vie. C'est ce qui la rend si importante.* »
Steve jobs

Nous sommes sortis ensemble, il me déposa au lieu où j'avais garé ma voiture. Nous avons profité du trajet pour éclaircir quelques points et discuter aussi de la vie. Je ne voulais même pas me séparer de lui, mais hélas, il avait des affaires qui l'attendaient, moi aussi j'avais du travail à faire.

Chapitre Cinq :
Rencontre au cimetière

Durant la semaine qui suivit cette rencontre au champ, j'avais essayé de mettre en pratique tous les enseignements que mon maître m'avait donnés. J'avais commencé à respecter la purification dans toutes ses formes comme il le recommandait, et pour chaque prière je faisais mes ablutions. J'avais fait aussi la liste des amis que je devais éviter pour conserver l'énergie positive qu'il me transmettait. J'avais passé du temps à définir une orientation claire pour ma vie et des objectifs dans tous les plans, tout devenait de plus en plus clair. Je m'étais rendu compte que *plus une personne passait du temps à réfléchir sur elle-même et sa vie, plus elle avançait plus rapidement et les choses devenaient de plus en plus claires*. J'avais de même commencé les exercices de concentration et je voyais déjà les résultats. Même mes collègues de travail avaient remarqué cette nouvelle énergie qui m'animait, cette nouvelle envie de vivre et c'était exceptionnel. J'étais plus endurant, plus discipliné et éthique dans tout ce que je faisais.

Le jour de la rencontre arriva. Il était presque quinze heures lorsque j'arrivai au cimetière. Je le trouvai déjà à l'intérieur, à l'endroit qu'il m'avait indiqué, en train de prier pour une tombe. Me voyant arrivé, il me fait signe d'approcher.

- C'est ici que repose ma chère mère, que Dieu l'accueille au Paradis. C'était une mère douce, tendre et très éclairée. C'est elle qui m'a très tôt orienté dans la vie et je ne saurais jamais la remercier comme il faut. Je viens ici régulièrement afin de prier

CHAPITRE CINQ

pour elle et parler avec elle. Au fait « Assalamou Aleykoum », excuse-moi j'ai même oublié de te saluer.

- Wa aleykoum Salam, lui répondis-je ! Ne vous inquiétez pas, j'ai compris.

- Prions pour ma chère mère.

Il me dicta des prières à dire que nous avons fait ensemble.

- Que Dieu accepte nos prières, et merci beaucoup d'avoir prié pour ma chère mère, dit-il. Le Prophète Mouhamed (*Paix et Salut sur Lui*) a dit : « *Lorsque la personne meurt, ses actions s'arrêtent sauf trois choses : une aumône continuelle [qui continue après sa mort], ou une science dont les gens tirent profit [qu'il a laissé], ou **un fils pieux qui invoque Allah en sa faveur.*** » C'est la raison pour laquelle je viens ici régulièrement afin de prier pour elle. C'est ici notre ultime demeure Abdou. Tu vois combien c'est calme ici. Au fait depuis combien de temps tu n'as pas visité un cimetière ? Me demanda-t-il

- Je pense que c'est depuis le jour de l'enterrement de mon père il y a deux ans, répondis-je honnêtement. Visiter les cimetières n'a jamais été mon fort.

- C'est pourquoi tu avais le cœur dur. Visiter les cimetières t'aide à te souvenir de Dieu. Visite régulièrement les tombes de tes parents afin de prier pour eux, ils méritent bien ça, tu ne penses pas ?

- Oui Maître, vous avez parfaitement raison et je regrette vraiment mon comportement d'avant, je ne suis pas un fils modèle.

Il me parla un peu de ses parents, comment ils l'ont bien éduqué et ont fait de lui ce qu'il était. À l'entendre parler, on sentait bien qu'il aimait ses parents et qu'eux aussi l'aimaient beaucoup. Il était leur fils unique.

ALCHIMISTE DES COEURS

Juste au moment où il terminait son histoire sur ses parents, un cortège funèbre entra dans le cimetière. Il se leva et me dit : « Regarde bien, c'est cet évènement-là que je voulais te montrer. »

J'observais alors la scène. Certaines personnes étaient venues en voiture, des voitures neuves, des 4x4, des voitures simples. D'autres sont venues à moto, en vélo et plusieurs d'entre eux étaient venues à pieds. Dans la foule, je voyais des personnes en grand boubou, d'autres en boubou simple, en tee-shirt pantalons, en Lacoste, en costume et cravate ; il y avait toute sorte d'habillement. Certaines personnes invoquaient Dieu, d'autres gardaient le silence. Il y avait en tout cas une foule immense, je me disais intérieurement : « *Il devait être un homme riche* ». Je restais là environ trente minutes à observer la scène. Ils avaient déjà enterré la personne et certains étaient en train de rentrer. En moins de quarante-cinq minutes, le cimetière était encore vide, comme avant.

- Alors qu'as-tu remarqué ?

- Bon, j'ai remarqué qu'il y avait une foule énorme, des personnes de classes sociales différentes. Je crois aussi que c'était une personne riche et l'enterrement a duré environ quarante-cinq minutes.

Je lui donnais tous les détails que j'avais remarqué et de même que les caractéristiques des différentes personnes.

- C'est bien, tu as bien suivi on dirait.

- Et quel est ce phénomène que vous vouliez me montrer ? Je n'ai remarqué rien d'extraordinaire.

- Bien sûr, ce qui est extraordinaire c'est que malgré toutes ces différences que tu as listées entre ces personnes venues assister à l'enterrement, elles finiront toutes sous terre, dans un espace restreint, de la même dimension, peu importe l'importance de leurs biens, la grandeur de leurs maisons ou la beauté de leurs voitures.

149

CHAPITRE CINQ

Et ce qui est le plus extraordinaire c'est que cette personne était un PDG d'une très grande entreprise du pays et pourtant, il est enterré juste à côté d'un des balayeurs de son entreprise. Qui sait, peut-être même que le balayeur aura plus de bénéfices et sera mieux traité que lui.

- Je comprends. Cela est très étonnant en effet.

- Autre chose encore, ce PDG était très difficile à voir, il avait plusieurs gardes du corps et pourtant les flèches de la mort l'on atteint. Il y a plusieurs personnes qui avaient des difficultés à le voir et pourtant elles sont venues aujourd'hui l'assister. Et à partir d'aujourd'hui, toute personne qui le souhaite peut venir librement sur sa tombe. Il peut arriver même un jour que quelqu'un vienne profaner sa tombe. Voilà la vie, elle est remplie d'enseignements si tu prends bien le temps d'observer.

- Quel enseignement !

- Écoute ces vers d'Abu Al-Atahiya (*qu'Allah l'agrée*)

Attends-toi à la mort en tout instant

Même si tu te protèges par des gardes

Sache que les flèches de la mort atteignent

Même ceux qui sont armés de boucliers et de cuirasses

Tu espères le salut, mais tu ne prends pas sa voie

Le bateau, sais-tu, ne navigue pas sur la terre !

Toute cette richesse que ce PDG a laissée dans ce monde ne lui servira à rien. Ce qui compte sous terre, c'est juste les actions que nous aurons effectuées et la Miséricorde d'Allah envers nous. *À la fin de notre vie, une seule chose importe vraiment* : *ce que nous en avons fait.* Tu sais, chacun de nous a un être qu'il aime et chérit le plus. Il est de ces êtres aimés qui accompagnent la personne qui les aime jusqu'à la maladie grave ; d'autres qui l'accompagnent jusqu'au bord du tombeau puis se retirent en la laissant toute seule ; mais aucun n'entre avec elle dans la tombe. Cela donne matière à réfléchir : *« Le meilleur ami de l'homme serait celui qui le servirait jusque dans la tombe pour lui tenir compagnie. »* Un tel ami ne peut être que *les bonnes actions*. Fais-en autant que possible si tu veux avoir une bonne compagnie dans ta tombe.

- Oui c'est vrai. Les personnes aimées ne nous suivent jamais jusqu'à la tombe.

- Connais-tu quelles étaient les dernières volontés d'Alexandre le Grand ?

- Non, lesquelles ?

- Sur le point de mourir, Alexandre convoqua ses généraux et leur communiqua ses dernières volontés, ses trois ultimes exigences :

1 - Que son cercueil soit transporté à bras d'homme par les meilleurs médecins de l'époque.

2 - Que les trésors qu'il avait acquis (argent, or, pierres précieuses...), soient dispersés tout le long du chemin jusqu'à sa tombe,

et...

3 - Que ses mains restent à l'air libre se balançant en dehors du cercueil à la vue de tous.

L'un de ses généraux, étonné de ces requêtes insolites, demanda à Alexandre quelles en étaient les raisons. Alexandre lui expliqua alors ce qui suit :

1 - Je veux que les médecins les plus éminents transportent eux-mêmes mon cercueil pour démontrer ainsi que face à la mort, ils n'ont pas le pouvoir de guérir.

2 - Je veux que le sol soit recouvert de mes trésors pour que tous puissent voir que les biens matériels ici acquis, restent ici-bas.

CHAPITRE CINQ

3 - Je veux que mes mains se balancent au vent, pour que les gens puissent voir qu'avec les mains vides nous arrivons dans ce monde et qu'avec les mains vides nous en repartons quand s'épuise pour nous le trésor le plus précieux de tous : le temps.

- Quelle sagesse, m'exclamai-je !

- Oui, Alexandre était un très grand conquérant et il a beaucoup appris de ses expériences. En mourant nous n'emportons aucun bien matériel avec nous, rien que les bonnes actions. Rappelle-toi toujours cela. « *Les tombeaux sont les maisons de vérité,* » « *Les tombeaux sont les maisons de vérité* », répétait Maître plusieurs fois.

Il resta silencieux un moment, les yeux fixés à l'horizon. Je restais là, à côté de lui, silencieux aussi. Il finit par reparler. « Dieu a dit dans le Saint Coran : « *C'est Lui qui a créé la mort et la vie afin de vous éprouver et de savoir qui de vous œuvre le mieux, et c'est Lui, le Tout Puissant, le Pardonneur.* »[59] Il a aussi dit : « *Dis : la mort que vous fuyez va certes vous rencontrer. Ensuite vous serez ramenés à Celui qui connaît parfaitement le monde invisible et le monde visible et qui vous informera de ce que vous faisiez.* »[60] Et : « *La présente vie n'est que jeu et amusement. La demeure dans la vie dernière sera meilleure pour ceux qui sont pieux. Ne comprenez-vous donc pas ?* »[61] Cette vie est éphémère et elle n'est que jeu et amusement. »

- Chaque jour qui passe est un pas vers la mort, dis-je

- Totalement vrai. Hassan Al Basri (*Qu'Allah l'agrée*) a dit : « *Ô fils d'Adam ! Tu n'es qu'un nombre de jours. Quand un jour passe, c'est une partie de toi qui s'en va.* » Viens, suis-moi, nous allons passer aux choses sérieuses maintenant.

---

[59] Sourate 67, Verset 2
[60] Sourate 62, Verset 8
[61] Sourate 6, Verset 32

ALCHIMISTE DES COEURS

Nous avons marché ensemble une dizaine de mètres à l'intérieur du cimetière pour nous retrouver devant une tombe fraîchement creusée.

- Rentre dedans et allonge-toi ! Dit-il directement, sans chercher de raccourcis

Des centaines de questions se bousculèrent dans ma tête ? Était-il devenu fou d'un seul coup ? Voulait-il m'enterrer vivant ? On ne sait jamais avec les gens ? Ou bien, voulait-il me montrer un de ces trucs mystiques ? Mais une chose subsistait : j'avais entièrement confiance en cette personne qui m'était devenue chère, il avait littéralement changé ma vie en quelques semaines. Et même si je devais mourir là-bas, il a déjà beaucoup fait pour moi. Voyant que j'hésitai un peu à rentrer dans le trou, il me dit : « Vas-y, tu n'as rien à craindre, c'est juste une expérience. »

Je me mettais alors à l'exécution et rentrai dans la tombe avec mes habits. Je me suis allongé sur le dos comme il me l'avait recommandé. Mon cœur battait tellement fort qu'on pouvait l'entendre de loin, il avait l'impression de sortir de ma poitrine. J'avais une sensation bizarre.

- Reste là pendant cinq minutes, je reviens, dit-il puis il s'en alla.

C'était les cinq minutes les plus longues de toute mon existence, jamais je n'avais côtoyé la mort de si près. Le soleil tapait fort et je me suis souvenu sur le coup de tout ce qu'on m'avait dit sur la mort et la vie dans les tombes. Je revoyais toutes les fois où j'avais fait une mauvaise action dans ma vie. Des larmes de tristesse sortirent de mes deux yeux. Je me demandai : *« J'ai passé la plus grande partie de ma vie dans la mauvaise pente ; est-ce que j'aurai suffisamment de force pour remonter la pente et vivre une vie entièrement dévouée à Dieu ? »* Mes pensées étaient entièrement tournées vers Dieu à cet instant. Je pense que pour rien au monde je ne referai une telle expérience.

CHAPITRE CINQ

- Tu peux sortir maintenant, dit-il en revenant, stoppant nette le cours de mes pensées.

Je me suis levé aussitôt et sortis le plus rapidement possible.

- Quelle sensation as-tu eue ? Me demanda-t-il

- Une sensation bizarre, un frisson inexplicable, la première du genre durant toute ma vie.

Je lui racontais tout ce que j'avais ressenti à l'intérieur de cette tombe.

- Je pense que l'objectif de l'expérience a été atteint. C'est tout ce que je voulais te faire découvrir, dit-il doucement. Rappelle-toi donc chaque jour cette expérience. Chaque jour à ton réveil, revois cette image de toi à l'intérieur de cette tombe et dis-toi que tu peux rejoindre ce tombeau avant la fin de la journée. Cela te permettra de passer une excellente journée sans rancune aucune contre quiconque, sans faire de mauvaise action et de tout faire de la meilleure manière possible. Et chaque soir avant de dormir aussi, pense que peut-être le lendemain tu te réveilleras à l'intérieur de cette tombe, cela te permettra sûrement de ne pas dormir en ayant une mauvaise pensée envers quelqu'un ou bien sans avoir demandé pardon à Dieu ou d'envoyer des messages de pardon à des personnes que tu as offensées durant la journée. Rappelle-toi cette pensée : *« Si vous vivez chaque jour comme si c'était votre dernier, vous ferez certainement bien les choses. »*

- Je suis entièrement d'accord avec ce que vous dites. Pour rien au monde je n'oublierai cette expérience de la tombe.

- *La mort reste la plus grande prêcheuse qui existe sur terre.* La mort rappelle qu'il ne faut point être orgueilleux car aussi riche et beau que l'on sera, l'on finira sous terre ; vis là où tu veux, mais ta fin sera toujours la mort. Penser souvent à la mort change complètement la vie. La mort redonne à la vie son vrai sens, la mort c'est la meilleure création de la vie comme disait Steve Jobs :

ALCHIMISTE DES COEURS

« *Personne ne veut mourir. Même les gens qui veulent aller au Paradis ne veulent pas mourir plus vite pour y aller. Et pourtant, la Mort est notre destin à tous. Personne n'y a jamais échappé. Et c'est ainsi que cela doit être, parce que la Mort est sans nul doute la meilleure invention de la Vie. C'est ce qui la rend si importante.* »

- Très instructive comme parole. C'est la citation que se trouve sur la carte de rendez-vous que vous m'avez donnée la dernière fois. Je l'ai relu plusieurs fois.

- Oui c'est elle. Supposons qu'on t'ait prédit la semaine passée ta mort pour cette semaine, combien d'actions as-tu faites cette semaine que tu aurais voulu changer ?

Je réfléchis un bon moment et répondis : « Environ 70 à 80 % de mes actions »

- Tu vois combien le pourcentage d'actions « *inutiles* » est important, que ça soit pour toi ou la plupart des gens ? Je ne te demanderai pas d'être à cent pourcents d'actions utiles mais essaie au moins d'inverser la tendance, que quatre-vingts pourcents de tes actions soient au moins des actions que tu n'aurais pas voulu changer sachant que tu allais mourir. Tu comprends un peu ?

- Oui je comprends parfaitement. Vous voulez que, pensant régulièrement à la mort, je fasse des actions utiles que je n'aurais pas voulu changer si je savais un jour ou une semaine à l'avance que j'allais mourir ?

- Oui c'est exactement ce que je veux. Comme l'a dit le poète allemand Johann Wolfgang von Goethe : « *Les choses qui importent le plus ne doivent jamais être à la merci des choses qui importent le moins.* »

- D'accord, je ferai ce changement avec l'aide de Dieu.

- Ça me fera très plaisir. Les sages avaient coutume de dire que : « *Lorsque tu es né, le monde s'est réjoui tandis que tu*

CHAPITRE CINQ

pleurais. Ta mission consiste à vivre ta vie de telle façon que lorsque tu meurs, le monde pleure alors que tu te réjouis. »

- Voilà encore de très belles paroles, des paroles vraiment sages.

- Si tu as peu de temps à vivre, il faut savoir bien l'utiliser fiston. Je vais te faire une démonstration simple.

- Je vous écoute.

- Supposons que tu doives vivre soixante ans. Si tu dors huit heures par jour, tu auras dormi vingt années de ta vie alors. Et si tu pars au travail huit heures par jour, plus le temps que tu as fait à l'école, ça va faire environ vingt années aussi. Supposons aussi que ton enfance ait duré environ quinze années. Et si tu restes autour de la table à manger deux fois par jour pour trente minutes, tu auras passé trois années de ta vie à manger. Ce qui fait donc en faisant la somme du sommeil, du travail, de l'enfance et de la restauration cinquante-huit ans. Il te restera alors deux ans seulement et ne parlons même pas des moments de divertissement et autres occupations.

- Ne me faites pas plus peur Maître. Ce calcul est époustouflant, très révélateur.

- Je ne te dis que la vérité. Si tu ne fais pas trop attention sur ta vie, tu vas la passer sur des futilités. Fais que chaque instant de ta vie soit utile. Et diminue autant que possible tes heures de sommeil si tu veux réaliser de grandes choses. Tu auras largement le temps de dormir ici, finit-il par dire, pointant le doigt vers le trou.

Ce calcul sur ma vie m'avait secoué, je restais là, bouche bée, à imaginer toutes sortes de choses. Je finis par lui dire :

- J'espère que vous avez une solution qui me permettra d'espérer avoir une vie paisible dans ma tombe car j'ai vraiment peur là.

- Oui mon cher, j'ai un procédé pour toi et cette fois-ci il est très simple.

- Je suis impatient. C'est quel acronyme aujourd'hui comme je sais maintenant que c'est votre méthode ?

- Je te l'ai déjà donné, me dit-il gracieusement. C'est « **SIMPLE.** »

- SIMPLE ?

- Oui SIMPLE. Allons-y rapidement, j'ai des affaires qui m'attendent.

- D'accord, SIMPLE alors.

- Le « S » correspond au mot **Silence** : *Celui qui garde le silence régulièrement s'affranchit.* Le Prophète Mouhamed (*Paix et Salut sur Lui*) a dit : « *Que Dieu bénisse tout homme qui soigne ses propos, qui maîtrise ses paroles, qui ne dit que ce qui est juste et évite le bavardage.* » Évite les bavardages autant que possible. Ne parle que si c'est nécessaire. C'est un combat continuel que tu vas mener avec ton âme charnelle si tu veux trouver repos dans ta tombe. Mais avec l'aide de la maîtrise et de la discipline que je t'ai déjà apprises, tu vas y arriver. Habitue ta langue à des paroles décentes, tu en gagneras beaucoup. Sois véridique comme je te l'ai déjà dit aussi. Dans toute chose, ta langue se servira de l'habitude que tu lui as donnée, en bien comme en mal. Serigne Touba (*qu'Allah l'agrée*) a dit : « *Habitue ta langue à la bonne parole, ainsi tu en seras heureux et tu seras préservé de tout mal.* » Réfléchis à chaque fois avant de parler. Un proverbe soufi dit : « *Si le mot que tu vas prononcer n'est pas plus beau que le silence que tu vas rompre, ne le dis pas.* » C'est aussi simple que cela. Al-Hassan Ibn Ali Ibn Abi Talib (*qu'Allah les agrée tous deux*) le dit aussi d'une autre manière : « *Ne parle que si ce que tu as à dire est plus beau que le silence.* » De toutes les façons, parle seulement lorsque c'est nécessaire. Le Prophète Mouhamed (*Paix et Salut sur*

CHAPITRE CINQ

Lui) a dit : « *Que Dieu bénisse quiconque dit du bien qui lui sera compté à son avantage ou bien se tait pour ne pas faillir.* » Ne perds jamais ton temps dans les discussions mondaines ; les rassemblements sont la plupart du temps source de péché car c'est l'endroit idéal pour s'adonner à des calomnies et des médisances. Lors de notre prochaine rencontre, s'il plaît à Dieu, je te montrerai les genres de rencontres auxquelles tu peux assister.

- Merci beaucoup pour ces conseils, c'est vrai que le silence n'a jamais été mon fort.

- Tu n'es pas seul à ne pas avoir la capacité de garder le silence. Mais tu dois commencer à te démarquer des personnes qui sont ainsi, je t'ai déjà parlé de l'importance des relations. Réserve-toi un moment de la journée, tôt le matin, le soir ou l'après-midi, où tu seras seul dans ton SR, pour garder le silence au moins trente minutes par jour et tu peux augmenter le temps au fur et à mesure. Tu peux en profiter pour méditer, pour réfléchir sur ta vie et tes actions, pour te juger ou tout simplement faire le vide total. Après un mois de pratique, tu commenceras à voir sûrement les résultats. Confucius disait que : « *le silence est un ami qui ne trahit jamais.* » et il a parfaitement raison. Le silence recharge ton esprit et ton âme. Dans un ancien texte hindou, on peut lire ceci : « *l'âme qui voyage dans le monde des sens et en assure l'harmonie...trouve le repos dans le silence.* » Sais-tu que le silence a d'énormes bienfaits même pour ton corps ?

- Ah bon ? Répondis-je de façon un peu surprise. Comment cela ?

- Oui, le silence réduit le stress car il permet de diminuer le taux de cortisol dans le sang et de même que le taux d'adrénaline. Et nous savons que le stress c'est la maladie du siècle. Donc en gardant le silence, ton organisme reste en bonne santé. Respecte tes trente minutes de silence chaque jour et tu verras par toi-même les résultats. Même au bureau tu peux prévoir des moments de silence pour te recharger. Le silence qui règne autour de nous ne te plaît-il pas ? Me demanda-t-il faisant un tour du cimetière avec sa main.

- Si, vous avez raison, je me sens plus calme depuis que je suis ici, cette quiétude qui règne ici est hors pair.

- Tu as tout compris mon cher fils, c'est pourquoi j'aime cet endroit. Il m'enseigne et il m'apaise en même temps. Fais du silence un ami intime, adore-le, chéris-le, tu ne le regretteras pas. Un proverbe arabe dit que : « *L'arbre du silence porte les fruits de la paix.* » Avec le silence tu as la paix intérieure, la paix extérieure, la paix présente et la paix future.

Je n'avais jamais imaginé que le silence était aussi important dans la vie de quelqu'un, mon maître avait complètement changé ma vision. Après un court moment de silence, il reprit son discours.

- C'est dans le silence que l'on trouve la solution à la plupart de nos problèmes et que l'inspiration abonde. Commence à le pratiquer le plus rapidement possible. Comme l'a si bien dit ton ami Gandhi : « *Le silence est une grande aide pour un chercheur de vérité. Dans l'attitude du silence, l'âme trouve le chemin d'accès dans une lumière plus claire, ce qui est insaisissable et trompeur se résout dans la clarté du cristal. Notre vie est une longue et pénible quête après la vérité et l'âme exige un repos vers l'intérieur pour atteindre sa pleine maturité.* »

- Merci beaucoup de m'avoir donné une nouvelle vision du silence. Je vais respecter ces minutes de silence chaque jour. Que signifie le « I » du « SIMPLE » ?

- Le « **I** » signifie : ***Invocation.*** Les mérites de l'invocation sont nombreux. L'invocation regroupe ici l'évocation, la prière et la remémoration de Dieu. Une invocation permet de te rappeler Dieu et aussi d'atteindre tes objectifs. Dieu dit dans le Saint Coran : « *O vous qui croyez ! Invoquez Allah d'une façon abondante.* »[62]

CHAPITRE CINQ

Invoque Dieu sans cesse et tu pourras espérer alors être en paix dedans, dit-il pointant le doigt vers la tombe qui était toujours ouverte et devant nous. L'invocation satisfait le Seigneur et te donne le bonheur ici-bas et dans l'au-delà. Elle t'ouvre la porte de la connaissance et sera une lumière pour toi dans ta tombe. De plus, elle fait revivre le cœur comme la semence revit par l'eau ; elle est la nourriture des esprits et elle ôte la rouille du cœur. Elle donne la lumière à la réflexion, efface les péchés et fait disparaître l'isolement entre le serviteur et son Seigneur. L'évocation de Dieu est la plantation du Paradis, l'affranchissement du feu et la protection contre l'oubli. Elle rapproche du cœur du serviteur le désir de l'au-delà et l'éloigne de l'attrait de ce bas monde en le préparant pour ce qui doit arriver. Elle produit la connaissance, la sainteté, la grâce et la protection.

- C'est tellement intéressant ce que vous dites là, je pense que beaucoup de gens sont inconscients de tous ces mérites sur l'invocation.

- Oui, beaucoup de personnes sont inconscientes de nos jours. Elles ne sont préoccupées que par l'argent et le plaisir éphémère. C'est pourquoi je partage avec toi cette philosophie, pour qu'à ton tour tu puisses la transmettre à d'autres afin de réveiller le maximum de personnes. Et je compte vraiment sur toi.

- Je dédierai le restant de ma vie à vivre le message que vous me donnez et à le transmettre aussi au maximum de personnes.

- Du courage. Invoque Dieu de te guider dans chaque action, dans chaque geste, dans chaque choix, dans chaque décision. Si tu fais cela, tu seras bien guidé par Dieu, car Lui, Il ne repousse jamais une invocation. Il dit aussi dans le Saint Coran : « *Les Musulmans et Musulmanes, croyants et croyantes, obéissants et obéissantes, loyaux et loyales, endurants et endurantes, craignants*

---

[62] Sourate 33, Verset 41

et craignantes, donneurs et donneuses d'aumônes, les hommes et les femmes qui jeûnent, gardiens de leur chasteté et gardiennes, **invocateurs souvent d'Allah et invocatrices** *: Allah a préparé pour eux un pardon et une énorme récompense. »*[63] Quoi de meilleur que d'être récompensé par Dieu, le Bienveillant, le Généreux ?

- Il n'y a rien de plus grand certainement.

- La plupart des gens ne se souviennent de Dieu que lorsqu'ils sont dans des problèmes ou rencontrent des difficultés. Mais toi, ne sois plus de ce genre de personne. Souviens-toi de ton Seigneur à chaque instant. Il est dit encore dans le Saint Coran : « *Souvenez-vous de Moi donc, je Me souviendrai de vous. Remerciez-Moi et ne soyez pas ingrats envers Moi.* »[64] Et le Prophète Mouhamed (*Paix et Salut sur Lui*) nous dit ceci : « *Allah le très haut dit : « Je suis à l'égard de mon serviteur selon ce qu'il pense de Moi, et Je suis avec lui tant qu'il M'invoque. S'il M'invoque en lui-même, Je l'invoque en Moi-même, et s'il M'invoque en public, Je l'invoque devant un public bien meilleur. S'il s'approche de Moi d'un empan, Je M'approche de lui d'une coudée et s'il s'approche de Moi d'une coudée, Je M'approche de lui de deux coudées. S'il vient à Moi en marchant, Je viens à lui en courant.* » » Voici quelques conditions d'acceptation d'une invocation : *l'intention, la conviction et vouloir la chose pour tout le monde.* Souhaites-tu être un mort-vivant ?

- C'est-à-dire ?

- C'est quelqu'un qui vit en oubliant d'invoquer Dieu. Le Prophète Mouhamed (*Paix et Salut sur Lui*) a dit : « *L'exemple de celui qui invoque son Seigneur et celui qui ne l'invoque pas est celui du vivant et du mort.* » Donc, si tu vis et tu oublies d'invoquer Dieu, tu es un mort-vivant. Il (*Paix et Salut sur Lui*) a dit aussi : « *Voulez-vous que je vous dise quelles sont vos*

---

[63] Sourate 33, Verset 35
[64] Sourate 2, Verset 152

CHAPITRE CINQ

meilleures œuvres, les plus pures auprès de votre Maître, celles qui vous élèvent le plus en degrés, qui sont plus méritoires que de dépenser l'or et l'argent ou de rencontrer vos ennemis, leur trancher les nuques ou qu'ils tranchent les vôtres ? Ils (les compagnons) dirent "nous le voulons". Il dit : invoquez ALLAH le très haut. » Loue ton Seigneur, glorifie-Le, demande-Lui pardon. Évoque-Le constamment. Il est cité par Chihab-Din ibn Hajr Al 'Asqalani (*qu'Allah l'agrée*) ceci : « *Les gens du Paradis seront constamment dans l'évocation d'Allah, car l'ensemble des adorations s'achèvera avec la fin de ce bas monde, sauf le Dhikr d'Allah qui ne s'achèvera pas, il persiste pour les croyants dans ce monde et l'au-delà, qu'Allah fasse de nous des évocateurs, des gagnants joyeux, apaisés, pour qui il n'y a ni crainte, ni tristesse.* »

- Amine pour cette prière, que Dieu nous donne le Paradis comme dernière demeure.

- Amine, que Dieu nous regroupe au Paradis auprès du Prophète Mouhamed (*Paix et Salut sur Lui*) et de ses fidèles compagnons. Le Prophète Mouhamed (*Paix et Salut sur Lui*) a été interrogé sur les serviteurs qui ont les meilleurs et les plus hauts degrés auprès d'Allah (*qu'Il soit Glorifié et Exalté*) le jour de la résurrection, il a répondu : « *Les évocateurs abondant d'Allah* ». Ils ont demandé : « *Ô Prophète d'Allah, plus que le combattant dans la voie d'Allah ?* ». Le Prophète (*Paix et Salut sur Lui*) répondit : « *S'il frappe de son épée jusqu'à ce qu'elle se casse et que son sang coule, eh bien l'évocateur d'Allah est meilleur que lui d'un degré.* » Tu vois alors la grandeur de l'évocateur d'Allah. Invoque-Le matin et soir, sans relâche. Dieu dit dans le Saint Coran : « *Et invoque ton Seigneur en toi-même, en humilité et crainte, à mi-voix, le matin et le soir, et ne sois pas du nombre des insouciants.* »[65]

- C'est noté, je ne serai pas du nombre des insouciants s'il plaît à Dieu.

---

[65] Sourate 7, Verset 205

- Sache que l'invocation du Seigneur enlève le stress, l'anxiété, les soucis et tranquillise le cœur. Dieu a dit dans le Saint Coran : « *N'est-ce pas que par l'évocation d'Allah que se tranquillisent les cœurs ?* »[66] Je vais te le répéter encore : *invoque ton Seigneur constamment*. En marchant, en conduisant, en mangeant, en buvant, même en te couchant continue de l'évoquer. Tu peux le faire avec ta langue ou avec ton esprit ou avec ton cœur. Il a été dit à un moine : « *Jeûnes-tu ?* ». *Il a répondu : « Je jeûne par Son évocation et si j'évoque autre que LUI alors j'ai rompu mon jeûne.* »

J'écoutais religieusement ce qu'il me donnait comme conseil car c'était tellement important.

- Sache que l'invocation guérit tes maladies intérieures, ces maladies qui entraînent une mort atroce. Ali Khawwas (*qu'Allah l'agrée*) a dit : « *Par la constance dans le Dhikr, les maladies intérieures sont supprimées parmi lesquelles se trouvent l'orgueil, la suffisance, l'ostentation, l'hypocrisie, les mauvais caractères, la jalousie, la haine, la rancune, l'amour du pouvoir, le penchant pour se faire embrasser les mains et pour diriger les assemblées, cela permet aussi de mettre fin aux pensées sataniques et d'affaiblir le Nafs*[67]. »

- Alors, Je vais utiliser l'invocation pour me guérir.

- Je vais te dire la dernière information sur l'invocation avant de passer au point suivant. D'après la science, l'évocation du nom **ALLAH** et de ***La ilaha ilalah*** est utile pour la santé.

- Ah bon ?

- Le Professeur ***Van der Hoven***, psychologue Néerlandais, a annoncé une découverte peu commune. En effet, il dit avoir expérimentalement prouvé l'influence favorable de la lecture du

---

[66] Sourate 13, Verset 28
[67] L'âme charnelle

CHAPITRE CINQ

Coran et la prononciation répétée du nom d'Allah sur la santé humaine. Le point le plus saisissant dans cette recherche est le fait que Van der Hoven n'est pas musulman. Il confirme sa découverte grâce à une étude approfondie durant trois années. Certains de ses patients n'étaient pas musulmans et bon nombre d'entre eux ne connaissaient aucun mot arabe. Il a été enseigné à chaque patient comment prononcer correctement le mot "***ALLAH"***. Le résultat est étonnant, particulièrement au sujet de ceux qui souffraient de troubles d'esprit, de dépression et de tension psychologique.

« Les musulmans qui peuvent lire l'arabe et lisent régulièrement le Coran, sont protégés contre les maladies psychologiques. La répétition du mot "Allah" en arabe a également des effets favorables, selon le psychologue hollandais. En même temps il a expliqué que chaque lettre du mot " Allah " joue son propre rôle dans le traitement des troubles psychologiques.

La prononciation de la première voyelle "*A*" soutient le fonctionnement du système respiratoire, contrôlant la respiration. La prononciation de la consonne du type arabe "*L*" détend l'aspiration. La prononciation de la dernière lettre "*h*" selon les règles de la langue arabe soutient le contact des poumons et du cœur qui stimule alternativement le battement du cœur, indique l'étude. »

Ce qui est surprenant dans l'étude est que ce psychologue est non musulman, mais il est intéressé par les sciences islamiques et la recherche des secrets du Saint Coran.

D'autres psychologues et gynécologues américains avaient découvert il y a quelques années déjà, par l'expérience et la pratique sur différents patients, que les invocations comme « ***lâ ilâha illa allah*** » ou autres en arabe, contribuaient efficacement à la bonne éducation prénatale et au positionnement du bébé et guérissaient plus facilement et plus efficacement ce que la science avait du mal à guérir : bien que ces patients fussent dans la majorité des non musulmans. Voici un extrait de la revue américaine "Scientific American" décembre 1993 : sur les expériences de docteurs chercheurs (non musulmans) à propos de la pratique de l'invocation : « *Parallèlement, des découvertes de laboratoire indiquant que cette pratique du Dhikr, à savoir les répétitions de noms dans le cerveau, provoquait la croissance de l'activité neurale au moment où de nouvelles régions et des groupes cellulaires étaient engagés dans le cerveau, ont été publiées pour la première fois en décembre 1993, dans un article de la revue « SCIENTIFIC AMERICAN ». Ces découvertes sont les conclusions de longues années d'expérience menées par le laboratoire et décrites dans cet article qui conclut : " Lorsqu'une personne lit un nouveau nom ou bien répète un mot donné, différentes régions dans le cerveau ainsi que des groupes cellulaires inactifs se mettent en branle et s'engagent dans le travail de sorte que la capacité du cerveau s'accroît. "* »

- Extraordinaire. Je ne pouvais jamais imaginer cela.

- Tu vois maintenant toute l'importance de l'invocation. Les personnes qui font constamment des invocations sont souvent des personnes intelligentes, posées, apaisées et en excellente santé mentale. Raison pour laquelle elles vivent souvent jusqu'à la mort sans jamais être amnésique.

- C'est très logique d'après ce rapport.

- Oui en effet. Passons maintenant à la lettre « M » du SIMPLE pour espérer avoir le salut dans la tombe.

- À vos ordres Maître.

- As-tu une idée de ce que ça peut être ? Je t'en ai déjà un peu parlé la dernière fois.

- Ça doit être la méditation donc, je me rappelle bien, vous aviez dit que vous allez y revenir la prochaine fois.

CHAPITRE CINQ

- Oui tu as raison, le « *M* » correspond à la **Méditation**, et je suis vraiment content de voir que tu es très concentré sur les leçons que je te transmets. Dieu a recommandé la méditation pas mal de fois dans le Saint Coran. Le fait seulement de s'y adonner Lui fait plaisir. Il dit dans le Saint Coran : « *Dis : « Voici le seul et unique conseil que je vous donne : « Mettez-vous sérieusement à l'œuvre à propos de Dieu, par groupes de deux ou chacun à part, et **méditez ensuite**.* »[68] Il a aussi dit : « *En vérité, dans la création des cieux et de la terre, et dans l'alternance de la nuit et du jour, il y a certes des signes pour les doués d'intelligence, qui, debout, assis, couchés sur leurs côtés, invoquent Allah et **méditent sur la création** des cieux et de la terre (disant) : " Notre Seigneur ! Tu n'as pas créé cela en vain. Gloire à Toi ! Garde-nous du châtiment du Feu."* »[69]

- Je n'ai jamais fait la méditation de ma vie mais je vais le commencer dès ce soir avec l'aide de Dieu.

- La méditation te rend plus zen et te donne la paix intérieure ; la spiritualité ne peut pas aller sans la méditation. Il est nécessaire de te retirer dans ton SR ; *la solitude apporte à l'âme cette possibilité de se mouvoir*. Tu médites alors sur ta vie, sur tes actions et comment les améliorer ; tu peux méditer sur ton jugement avant le jugement dernier. Tu peux méditer sur les conséquences de tes choix, sur le fonctionnement du destin. Tu peux méditer sur les miracles de la création ainsi que l'ensemble de ce qui la constitue. Les sujets de méditation sont nombreux et infinis. Réserve-toi chaque jour des moments de méditation. Un proverbe arabe dit ceci : « *Lorsque l'homme prend la peine de méditer, il tirera des enseignements et trouvera matière à réflexion en chaque chose.* » Tu vois donc comment c'est important de passer du temps à la méditation. Même le Prophète Mouhamed (*Paix et Salut sur Lui*) utilisait la méditation avant la prophétie

---

[68] Sourate 34, Verset 46
[69] Sourate 3, Versets 191 et 192

lorsqu'il partait s'isoler dans la grotte de Hira sur la montagne Jabal al-Nour.

- Oui c'est vrai, j'ai déjà entendu cette histoire.

- Tu peux passer du temps à méditer sur les versets du Saint Coran qui te semblent parfois flous, peut-être Dieu t'aiderait à saisir le sens. Dieu l'a même demandé dans ce passage du Saint Coran : « *Voici un livre béni que nous avons fait descendre vers toi, afin* ***qu'ils méditent sur ses versets*** *et que les doués d'intelligence réfléchissent.* »[70] Beaucoup de grands savants ont parlé sur les importances de la méditation, je vais t'en donner quelques-uns :

- ✓ Omar Ibn Abd Al-Azîz (*qu'Allah l'agrée*) a dit : « *Méditer les bienfaits d'Allah Puissant et Majestueux est la meilleure des adorations.* »
- ✓ Ibn Attallah As-sakandari (*qu'Allah l'agrée*) a dit : « *Il n'est pas de chose plus profitable au cœur que de s'isoler pour entrer dans une réflexion profonde.* »
- ✓ Al-Hassan Al-Basrî (*qu'Allah l'agrée*) a dit : « *Méditer pendant une heure est meilleur que prier une nuit durant sans cœur.* »
- ✓ Selon Al-Foudhayl (*qu'Allah l'agrée*) : « *La pensée est un miroir qui te renvoie tes bonnes et mauvaises actions.* »
- ✓ Al-Jounayd (*qu'Allah l'agrée*) a dit : « *Les assemblées les plus nobles et les plus éminentes, sont celles où l'on s'abandonne à la méditation dans l'Unicité, où l'on inhale le souffle de la connaissance, où l'on boit avec le verre de l'amitié de l'eau de l'océan de l'affection et où l'on se fait une bonne pensée d'Allah Puissant et Majestueux.* » Puis il dit : « *Il n'y a rien de plus majestueux que ces assemblées ni de plus savoureux que ce breuvage. Heureux celui qui reçoit ce don.* »

---

[70] Sourate 38 ; Verset 29

CHAPITRE CINQ

- La méditation est alors nécessaire dans la vie.

- Oui elle l'est ! Elle a même un grand effet sur la santé. En effet, *plusieurs études montrent que la méditation peut se révéler plus efficace que la médication*. Elle améliore le métabolisme, la tension artérielle, l'activité cérébrale et d'autres fonctions corporelles. Elle permet de diminuer le stress et la douleur, de favoriser le sommeil, d'améliorer la concentration, voire d'accroître l'espérance de vie.

- C'est magnifique Maître.

- Attache-toi à la méditation et tu pourras espérer avoir une vie paisible et être sauvé après ta mort. La méditation ouvre les portes de la lumière. Passons au prochain point rapidement, il me reste encore quinze minutes, dit-il en regardant sa montre.

- D'accord Maître.

- Le « **P** » de notre **SIMPLE** représente le **Présent**. Vis chaque moment présent de la plus belle manière. Rends meilleur ton présent et ton futur sera forcément meilleur. Ton futur est à l'image de ton présent. Ta façon de vivre chaque seconde déterminera ta façon de devenir. N'oublie pas que chaque jour porte en elle l'éternité. Vis chaque instant de la meilleure manière. Et comme tu ne peux faire qu'une seule chose à la fois, alors sois extrêmement vigilant dans tout ce que tu fais, sois entièrement présent durant chaque instant présent.

- Je pense que j'ai beaucoup de difficulté comme tant d'autres à vivre dans le présent. Je suis souvent très occupé, soit par le passé avec mes échecs et les souffrances, les opportunités que je n'ai pas saisies ou soit par le futur, ma future maison, voiture, les affaires qui iraient mieux etc.

- Cette façon de faire empêche les gens de vivre pleinement. Ils regardent tout le temps dans le rétroviseur. Alors que *si tu regardes en permanence la route arrière, tu risques de rentrer dans le mur ou dans le coffre de la voiture qui est devant toi.* Idem pour la vie, lorsque tu vis continuellement dans le passé, tu n'avances pas ! Tire les leçons du passé et oublie-le, ne reste pas là à ruminer tes actions passées. Le passé est révolu, le présent est réel et le futur est mystère. Si tu restes constamment dans le futur, tu risques de rater ce qui se passe dans le présent. Comme le disait si bien John Dryden : « *Heureux est l'homme qui sait faire sien le moment présent et qui peut dire : Quoi qu'il arrive demain, j'ai vécu aujourd'hui.* » Beaucoup de gens vivent dans leurs têtes au lieu de vivre le présent. Vis pleinement le moment présent Abdou. Aussi, les gens veulent vivre demain alors que demain ne vient jamais, il est toujours renvoyé au lendemain. Tu saisis ce que je veux dire ?

- Cela est vrai, je saisis bien. Et ça me rappelle une affiche que j'avais vue dans une boutique qui me faisait rire à chaque fois. À l'entrée, il était inscrit : « *Demain, vous n'allez pas payer, tout sera gratuit.* » Et comme vous venez de le dire, chaque jour le demain est renvoyé au lendemain.

- Voilà une belle façon de se jouer des gens. Al Hassan Al Basri (*qu'Allah l'agrée*) a dit : « *Ta journée est comme ton invité. Traite-la bien ! Car si tu la traites bien, elle partira en te louant. Par contre si tu la traites mal, elle partira en t'insultant. Il en est de même pour tes nuits.* » Vis l'instant présent de la meilleure manière, tu peux mourir à chaque instant. Personne ne connaît l'heure de sa mort et personne ne sait de quoi l'avenir sera fait. Dieu a dit : « *Quand leur terme vient, ils ne peuvent ni retarder d'une heure ni le hâter.* »[71] Le PDG qui vient d'être enterré tout à l'heure ne savait même pas qu'il allait mourir. « *Où que vous soyez, la mort vous atteindra, fussiez-vous dans des tours imprenables* »[72] nous dit le Saint Coran.

- C'est vrai. La mort arrive toujours à l'improviste.

---

[71] Sourate 7, Verset 34
[72] Sourate 4, Verset 78

CHAPITRE CINQ

- Oui parfaitement. Et il nous restera seulement ce que nous aurons construit avant cette mort. Écoute cette histoire Abdou :

Un maçon était arrivé à l'âge de la retraite. Il informa alors son employeur de son intention de quitter le monde de la construction afin de passer le reste de sa vie paisiblement avec son épouse.

Son employeur fut peiné de devoir laisser partir un si bon travailleur, et il lui demanda comme faveur personnelle de construire juste une toute dernière maison.

Le maçon accepta, mais cette fois il était facile de voir que son cœur n'était pas à l'ouvrage. Il accomplit un travail médiocre et utilisa des matériaux de qualité inférieure.

Quand le maçon eut terminé la maison, son employeur arriva et en fit l'inspection puis il présenta la clé de cette maison au maçon en disant :

"Cette maison est la tienne, c'est mon cadeau pour toi !"

- Oh Maître ! Le maçon devait être triste sûrement ? Si seulement il avait su qu'il construisait sa propre maison, il aurait tout fait si différemment.

- Oui fiston, il était très triste et c'était une vraie honte pour lui. Il en est de même pour nous, dans notre vie. Nous la construisons malheureusement trop souvent avec négligence et insouciance. Et à un moment donné, avec étonnement, nous réalisons que nous devons vivre dans la maison que l'on s'est construite. S'il nous était possible de recommencer, nous aurions fait différemment nous aussi mais nous ne pouvons faire marche arrière. Nous sommes les artisans de cette maison qu'est notre vie. Chaque jour nous enfonçons un clou, plaçons une planche, érigeons un mur. La vie est un projet de tout instant. C'est par notre attitude et nos choix d'aujourd'hui que nous construisons la maison que nous allons habiter demain et pour le reste de notre vie. Abdou, n'utilise jamais de matériaux de qualité inférieurs pour construire ta maison, et fais-le de la plus belle manière. Construis avec sagesse.

- Voilà de sages conseils, Maître ! Je n'oublierai jamais l'histoire de ce maçon. Elle me touche beaucoup.

- Rappelle-toi toujours cette histoire. Tu construis ta vie à chaque instant. Ne vis que dans le présent et essaie de rendre chacune de tes actions la plus parfaite possible. Et plus tu te concentre sur le moment présent, plus le futur se résout de lui-même Albert Camus disait : « *La vraie générosité à l'égard du futur consiste à tout donner à ce qui est présent.* » Fais de chacune de tes journées un véritable chef-d'œuvre. *Le présent est un cadeau, raison pour laquelle il est appelé présent.* Il faut alors profiter de ce cadeau. Robin Sharma a dit un jour : « *Il ne faut jamais oublier l'importance de chacune de tes journées. Ta façon de les vivre sera ta façon de vivre ta vie. N'en gaspille même pas une seule. Le passé fait partie de l'histoire et l'avenir n'est qu'un concept imaginaire. Cette journée, le présent, est la seule chose que tu as vraiment.* » Cela résume tout ce qu'il y a à dire sur le moment présent.

- Bien reçu, dorénavant, je ne vivrai que dans le présent. Que représente la lettre « L » maintenant ?

- La lettre « *L* » représente le **Leadership**

- Leadership vous avez dit ? En quoi le leadership est en relation avec la vie après la mort ? Je pensais que c'était seulement une affaire réservée aux dirigeants d'entreprises et autres.

- Oui, *leadership*. Les gens pensent que le leadership est un concept qui doit seulement être utilisé en entreprise ou en administration alors qu'il doit être employé dans toutes les sphères de notre vie : *travail, famille, spiritualité*. Et d'ailleurs, avant d'être le leader de quelqu'un, il faut être son propre leader ; et être son

CHAPITRE CINQ

propre leader c'est de bien gérer sa vie afin de réussir. Et quelle réussite est plus belle que la réussite après la mort ?

- Vous avez raison, rien ne vaut une vie paisible après la mort, c'est la plus grande réussite.

- Le leadership te rappelle d'être toujours authentique, avec toi-même et avec les autres et que tes actions soient en parfaite harmonie avec tes paroles et les lois religieuses. Le leadership dans ta vie te pousse à chercher des valeurs morales élevées et de les respecter. Le leadership te pousse à être totalement intègre. Et tout cela t'aide à vivre ta vie de la meilleure manière afin d'espérer avoir une vie paisible.

- Je suis d'accord avec vous. Vous m'avez encore éveillé.

- Un leader c'est quelqu'un qui est responsable à 100 %, raison pour laquelle il fait des actions responsables. Un leader aussi c'est quelqu'un qui sait se définir une orientation très claire de la vie et s'y coller en ayant le courage et la discipline nécessaire. Le leadership prône la persévérance, un élément très nécessaire dans la vie comme tu l'as apprise toi-même lors de notre rencontre à la montagne.

- Oui je me rappelle bien, depuis ce jour, à chaque fois que je commence à me décourager, je pense à la montée. Merci pour cette expérience encore.

- C'est bien alors. Le leader traite les gens d'une manière juste et équitable quelle que soit leur race, leur couleur, leur nationalité d'origine ou leur religion. Le Saint Coran ordonne aux musulmans d'être justes même dans leurs rapports avec leurs adversaires. Donc sois un vrai leader de toi-même.

- C'est noté. Je le serai désormais.

- J'ai confiance en toi, je sais que tu le seras. Peut-on passer à la dernière lettre de notre SIMPLE ?

- Oui, que représente la lettre « E » ?

- La dernière lettre, le « *E* » signifie **Extra**. Sois *extra* dans tout ce que tu fais. Sois un fils extraordinaire, un frère extraordinaire, un mari extraordinaire, un employé extraordinaire, un disciple extraordinaire, un maître extraordinaire, un parent extraordinaire, un musulman extraordinaire. En résumé, sois une personne extraordinaire.

- En tout cas vous êtes une personne extraordinaire et un maître exceptionnel.

- Je fais de mon mieux, dit-il humblement. Sois extraordinaire dans tout ce que tu fais et ta vie sera extraordinaire. Je sais que ton travail te plaît maintenant, donc sois un employé extraordinaire et tu auras le plus grand garanti. Robert Cringely a dit un jour : « *Une machine peut faire le travail de 50 personnes ordinaires mais elle ne peut pas faire le travail d'une personne extraordinaire.* »

- Je suis parfaitement d'avis avec lui. Je vais devenir extraordinaire.

- Tu veux espérer une vie paisible après ta mort, soit cette personne prête à aller au-delà de tes obligations religieuses. Impose-toi des actions surérogatoires, c'est ce qui fait la différence. Je t'ai déjà donné je pense ce Hadith du Prophète Mouhamed (*Paix et Salut sur Lui*) qui dit : « *Dieu le Très-Haut a dit :* « *Celui qui se fait ennemi de l'un de Mes bien-aimés, je lui ai effectivement déclaré la guerre. Mon esclave ne s'est jamais rapproché de Moi par une œuvre plus aimable à Moi que par les obligations que Je lui ai imposées. Mon esclave ne cesse de se rapprocher de Moi par **les actes surérogatoires** jusqu'à ce que Je l'aime. Une fois que Je l'ai aimé, Je deviens son ouïe avec laquelle il entend, sa vue avec laquelle il voit, sa main avec laquelle il combat et son pied avec lequel il marche. S'il Me demande alors quelque chose Je la lui donne et, s'il se met sous Ma protection, Je la lui accorde.* » Fais autant d'œuvres surérogatoires possibles, que

CHAPITRE CINQ

ça soit par la prière, le jeûne, l'aumône, l'évocation de Dieu. Ils permettront le jour du jugement de compléter tout manquement par rapport aux actions obligatoires. Au moment où tout le monde dort, lève-toi et fais des actions surérogatoires. Dieu a dit dans le Saint Coran : « *Et de la nuit consacre une partie [avant l'aube]* **pour des Salat surérogatoires** : *afin que ton Seigneur te ressuscite en* **une position de gloire.** »[73]

- D'accord, je ferai de mon mieux.

- Il est l'heure de se quitter mon fils. Je te suis très reconnaissant d'avoir accepté cette expérience de la tombe, j'avoue que ce n'était pas évident, merci pour cette confiance. Merci aussi d'avoir pris le temps de m'écouter attentivement ensuite.

- C'est moi qui vous remercie cher Maître, vraiment vous avez changé ma vie à jamais.

- Je ne fais que mon devoir. Rappelle-toi toujours ces principes **SIMPLE** : Garde le *Silence* autant que possible ; sois toujours en *Invocation* ; fais de la *Méditation* chaque jour sur des sujets importants ; vis le moment *Présent* de la meilleure manière et ton futur sera meilleur ; applique le *Leadership* dans toutes les sphères de ta vie et surtout sois *Extra* dans tout ce que tu fais et va toujours au-delà de ce qui t'est obligatoire.

- Merci beaucoup et c'est simple à retenir aussi.

- Oui c'est facile. Vis pleinement ta vie présente mais rappelle-toi toujours la Mort. Une chose est certaine : *nous connaîtrons tous la mort*, prions qu'elle se passe de la meilleure manière. La terre sur laquelle nous marchons aujourd'hui nous recouvrira un jour ; ce corps que nous sommes en train d'engraisser sera la récompense des vers et les tourments de la mort sont atroces. Le Prophète Mouhamed (*Paix et Salut sur Lui*) a dit : « *Un seul des tourments de la mort est plus dur à endurer que trois cents coups d'épée.* »

---

[73] Sourate 17, Verset 79

Même sur notre lit de mort nous ne sommes pas sauvés des pièges de Satan. À notre dernière heure, Satan nous envoie ses agents pour nous faire détourner de la religion. Sans l'aide de Dieu, nous pouvons succomber à ses tentations. Cheikh Ibrahima Niass (*qu'Allah l'agrée*) a dit un jour : « *La mauvaise fin ce n'est pas le fait de mourir d'une mauvaise manière, ni de mourir subitement, ni de mourir de maladie terrible, ni de mourir de pauvreté, ni de rien du tout de cela. Mais la mauvaise fin c'est être dominé au moment où l'âme sort du corps par un doute en Allah ou par une apostasie. Et c'est le plus grand degré de la mauvaise fin. Qu'Allah nous en préserve.* »

- Amine, qu'Allah nous en préserve.

Il se dirigea vers la porte, je l'accompagnais jusqu'à sa voiture. Il y avait un silence glacial. S'engouffrant dans sa voiture, il me dit : « Tiens bon, tu vas y arriver mon fils. » Il sortit de la boîte à gants le livre : *Les Exhortations Sublimes* de *l'Imam Hamid Al Ghazzali* (*qu'Allah l'agrée*) qu'il me donna, précisant : « lis-le avec attention, ce livre transformera complètement ta vie. Tu trouveras à l'intérieur une feuille où j'ai mis une liste d'invocations avec la manière de les faire ainsi que les horaires. C'est très détaillé tu verras. Ce sont des secrets puissants, respecte-les. Et n'oublie pas, *qu'aussi puissant puisse être un secret, si tu ne l'utilises pas, il ne te servira à rien.* »

- D'accord, merci beaucoup encore.

Il sortit la carte pour la prochaine rencontre et me la remit. Puis il fit démarrer sa belle voiture et partit.

Je restais là, à l'entrée du cimetière à observer les tombes. Tout était calme et une phrase qu'il m'avait dite me revenait : « *C'est ici la maison de vérité* ». Des larmes coulèrent sur mes joues, je ne savais même pas la raison. Je pris ma voiture aussi et partis.

CHAPITRE CINQ

Depuis ce jour, la mort est devenue une amie intime ; je la vois chaque jour. Elle me conseille, elle m'empêche de faire des actes répréhensibles, elle me guide, elle me dit de me hâter à faire une bonne action, de ne pas le repousser à plus tard. Je la croise des fois et lui demande : *tu viens me prendre* ? Quand est-ce que viendras-tu pour moi ? Et elle de me répondre : « *mon cher ami, moi j'ai la réputation de surprendre quand je viens. Sois toujours sur tes gardes et fais tout pour que le moment venu ne te trouve dans une circonstance fâcheuse.* »

Chapitre Six :
Rencontre avec des jeunes

Il était dix-sept heures passées, je venais de terminer la prière de l'après-midi et les invocations qui y sont liées. Il me restait quelques minutes pour me préparer, j'avais rendez-vous avec mon maître à dix-huit heures trente dans le plus grand restaurant de la localité. Je me demandais bien ce qu'on pouvait apprendre dans un restaurant. « *Il est vraiment imprévisible ce grand maître* » pensai-je.

À dix-huit heures vingt-cinq j'arrivai au parking du restaurant. J'apercevais sa voiture de loin, il avait mis les feux de détresse. On pouvait remarquer sa voiture facilement tellement elle était jolie, je rêvais de pouvoir conduire une voiture du genre un jour. Je trouvai une place pour me garer puis sortis de la voiture pour aller le rencontrer. Me voyant arrivé, il ouvrit sa voiture et descendit avec grâce. Je l'ai observé à deux reprises pour m'assurer que c'était bien lui. Encore une fois il m'avait surpris. Il avait arboré un joli costume et cravate classe, d'une beauté exceptionnelle.

- Bienvenue Abdou, je vois que tu es toujours ponctuel, ne change jamais ! Me dit-il avec son joli sourire pour me ramener à la réalité, j'étais perdu dans mes pensées.

- Merci beaucoup pour l'invitation ! Vous avez un beau costume, vraiment vous êtes un maître moderne et je sais que vous ne cesserez jamais de me surprendre.

- Voyons, ça, c'est juste de l'habillement, rien de plus. Il faut vivre avec son temps. Merci beaucoup quand même pour le

CHAPITRE SIX

compliment. Entrons vite ; nous devons aller ailleurs avant la prière du coucher. Dit-il avec toujours son joli sourire.

Ce sourire me marquait à chaque fois, Je lui demandai alors pourquoi il souriait tout le temps ?

Il me cita ces paroles de sagesse d'un poète : « *Le visage affable et souriant donne de la joie aux gens et permet de gagner leur sympathie et leur amitié.* » Il sourit à nouveau et je fis de même.

Nous rentrâmes dans le restaurant en choisissant un endroit calme, un peu isolé. Le temps que la serveuse arrive, je lui dis ceci : « Je suis super impatient de savoir ce que je vais apprendre aujourd'hui dans ce restaurant. »

Il sourit et me répondit : « Aujourd'hui c'est journée relax, on n'apprend rien, on célèbre ! »

- On célèbre ? Qu'est-ce qu'on célèbre ? J'ai dû rater quelque chose.

- On célèbre... *« toi »*, on célèbre tes progrès. Je me suis rendu compte que tu avances vraiment bien, raison pour laquelle je t'ai invité pour célébrer et t'encourager.

- Oh ! Je suis très flatté. Ça me touche au plus profond de moi. Avec tout ce que vous avez déjà fait pour moi, vous vous donnez encore de la peine pour m'encourager. Ça me touche beaucoup je vous assure.

- Ne t'inquiète pas mon fils, je le fais avec grand plaisir. Il faut bien célébrer ses victoires voyons. Prends tout ce que tu veux, c'est moi qui paie.

J'étais très ému de cette marque de gentillesse. Je ne savais même pas quoi dire. Je commandais un poulet avec frites et un jus d'orange, il commanda la même chose. Nous y sommes restés environ quarante-cinq minutes à parler de tout et de rien. Mais durant tout ce temps, tout ce qu'il disait n'était que sagesse et humour. J'aurais voulu m'éterniser là-bas. C'était simplement magique.

- Il est l'heure de partir, dit-il en regardant sa montre.

Il fit signe à la serveuse pour qu'elle apporte l'addition. Le temps qu'elle vienne il me dit : « Le restaurant est assurément le contraire de la vie. »

- Comment ça ?

- « *Au restaurant, tu consommes d'abord avant de payer le prix, alors que dans la vie, tu paies le prix d'abord avant de consommer.* »

- Vu sur ce point, je suis entièrement d'accord, quelle sagesse !

La serveuse lui remit l'addition. Il la regarda, réfléchit un peu et sortit une somme qu'il donna à la serveuse en lui disant : « Gardez la monnaie madame, c'est pour vous »

L'air très surpris, la serveuse lui répondit avec gentillesse : « Merci Monsieur, merci beaucoup ! »

Je restais là à observer la scène, il avait donné à la serveuse plus du triple de l'addition.

- *Il faut surprendre les gens par le bien.* Dit-il en se levant.

Nous nous dirigeâmes vers la sortie, je voyais la serveuse le suivre des yeux. Je me suis dit alors intérieurement : « *même si elle a passé une mauvaise journée, ce geste de gentillesse désintéressé l'a complètement transformée.* » Arrivé devant sa voiture il me dit :

- Je vais te raconter une histoire, je viens de me la rappeler. Elle est très inspirante.

- Toutes vos histoires sont inspirantes.

- Celle-là en tout cas l'est.

CHAPITRE SIX

" Bryan roulait sur une route quasi déserte lorsqu'il vit une Mercedes en panne sur le côté de la route. Malgré la faible lumière du jour, il aperçut la conductrice, une vieille dame qui avait l'air complètement affolée. Il s'arrêta devant la Mercedes, sortit de sa vieille Pontiac et se dirigea vers la pauvre dame désespérée. Malgré le sourire qui se dessinait sur son visage, il sentit combien elle était effrayée. Depuis le temps qu'elle attendait, personne ne s'était arrêté. Est-ce que ce jeune homme allait lui faire du mal ? Il pouvait voir qu'elle était effrayée, debout dans le froid, près de sa voiture. Elle grelottait, la peur tout autant que le froid lui donnaient la chair de poule. Bryan perçut sa peur. Je vais vous aider Madame, dit-il, allez-vous asseoir dans la voiture où il fait un peu plus chaud. Mon nom est Bryan Anderson. Il constata qu'elle avait une crevaison ; mais en raison de son âge avancé, elle ne pouvait rien faire toute seule. Bryan s'accroupit, regarda sous la voiture pour voir comment placer le cric, frotta ses mains pour se réchauffer les doigts et se mit au travail. Elle vit qu'en remplaçant le pneu, il s'était sali et blessé à une main. Pendant qu'il resserrait les écrous, elle abaissa sa vitre et commença à lui adresser la parole. Elle lui expliqua qu'elle était de St Louis et était juste de passage. Elle ne pouvait pas assez le remercier pour son aide. Bryan souriait en refermant le coffre. La dame lui demanda combien elle lui devait. Elle lui dit que son prix n'avait pas d'importance tellement elle avait eu peur, s'étant imaginée des choses affreuses auxquelles elle avait été exposée s'il ne s'était pas arrêté. Bryan lui répondit qu'il n'avait pas à être payé. Ceci n'était pas un travail pour lui. Il n'avait fait qu'aider quelqu'un dans le besoin. Dieu seul savait combien de fois des gens l'avaient aidé dans le passé. Il menait son existence de cette manière et il ne lui venait pas à l'esprit d'agir autrement. Il lui dit que si elle voulait vraiment le payer de retour, la prochaine fois qu'elle verrait quelqu'un dans le besoin, elle devrait donner à cette personne l'assistance nécessaire ; et il conclut, souvenez-vous de moi. Il *attendit qu'elle fit démarrer son véhicule pour s'en aller. C'était une belle journée froide, la vie n'était pas facile pour lui en ce moment, mais il se sentait bien en prenant le chemin de la maison. À quelques kilomètres de là, la vieille dame trouva un restaurant. Elle y entra pour se réchauffer et prendre une bouchée avant de continuer sa route. C'était un restaurant modeste devant lequel se trouvaient deux vieilles pompes à essence. La serveuse l'accueillit et lui offrit une serviette propre pour assécher ses cheveux mouillés. Elle avait un gentil sourire malgré le fait qu'elle était debout toute la journée. La vieille dame remarqua que la serveuse était enceinte d'environ huit mois mais que ni l'effort ni le travail ne lui enlevaient sa bonne humeur. La vieille se demanda comment une personne de condition sociale modeste pouvait être si généreuse envers une étrangère. Aussitôt, elle se souvint de Bryan. Quand elle finit son repas, elle paya avec un billet de 100 $. La serveuse alla vite chercher la monnaie. Mais la dame se faufila dehors, quittant avant que la serveuse ne soit de retour. Lorsque la serveuse revint, elle se demanda où la cliente pouvait bien se trouver. Elle remarqua alors une note sur la serviette de table. Des larmes coulèrent de ses yeux quand elle lut ce que la vieille lui avait écrit : « Vous ne me devez rien... Je suis aussi passée par là. Quelqu'un m'a aidée à m'en sortir comme je le fais pour vous. Si vous voulez réellement me payer en retour, voici ce qu'il faut faire : ne permettez pas à cette chaîne d'amour de prendre fin avec vous. » Et sous la serviette de table, il y avait quatre autres billets de 100 $. Eh bien ! Même s'il y avait des tables à nettoyer, des boîtes de sucre à remplir, la serveuse décida de le faire un autre jour... Elle rentra chez elle, et en se mettant au lit, elle pensa à l'argent et à ce que la vieille lui avait écrit. Comment la dame aurait-elle pu savoir qu'elle et son mari en avaient besoin ? Avec un bébé le mois suivant, cela s'annonçait très dur. Elle savait combien son mari était inquiet et en se glissant près de lui, elle lui donna un doux baiser et chuchota doucement à son oreille : « Tout ira bien. Je t'aime, Bryan Anderson. »*

CHAPITRE SIX

- Waouh ! J'ai la chair de poule Maître. Cette histoire est très touchante. Ça me rappelle *l'effet boomerang* que vous m'avez enseigné la dernière fois et *le film un monde meilleur*.

- Oui c'est l'effet boomerang, c'est pourquoi il faut lancer le maximum de boomerangs positifs. Il y a un vieux dicton qui dit : « *Un bienfait n'est jamais perdu.* » Alors, ne te lasse jamais de faire du bien et de surprendre les gens par le bien, non jamais.

- Je vais en faire une habitude. Votre geste de tout l'heure avec la servante m'a beaucoup marquée.

- Suis-moi avec ta voiture, dit-il.

Je le suivis alors. Nous nous sommes dirigés vers le centre-ville, un endroit que je connaissais bien pour avoir été là-bas à plusieurs reprises. Nous nous sommes arrêtés devant une maison en blanc de deux étages. C'était une très belle maison avec une architecture de rêve. Je pouvais voir à la terrasse du dernier étage une sorte de Zawiya[74], avec une terrasse dorée, qui brillait avec les derniers rayons du coucher du soleil. Nous rentrâmes alors dans la maison. L'intérieur était encore plus beau que l'extérieur. Nous nous dirigeâmes vers le salon. Il était grand et il y avait beaucoup de jeunes âgés entre vingt et quarante ans, en train de discuter. Le voyant arriver, ils se levèrent tous pour venir le saluer ; il était très respecté. Il me présenta à l'assistance avec des mots flatteurs. Il savait donner de l'importance aux gens. « *Seule une personne humble peut agir ainsi* », me suis-je dit intérieurement. S'adressant à moi, il dit : « À partir d'aujourd'hui, choisis tes amis parmi ces gens, ils sont maintenant tes frères, tes amis, tes confidents. Ce sont des gens bien et ils pourront t'aider dans ta progression et dans toutes les sphères de ta vie. Sois toujours avec eux. Considère-les comme ta nouvelle famille, tu ne le regretteras

---

[74] Zawiya : le mot désigne un complexe religieux comportant une mosquée, des salles réservées à l'étude et à la méditation

jamais. Je reviens tout de suite, profite-en bien pour mieux faire connaissance avec eux. »

Il sortit du salon en prenant avec lui un grand sachet noir qui était dans un coin là-bas.

Les jeunes m'installèrent alors, manifestant leur contentement. Ils se présentèrent un à un. Je me sentais bien et en sécurité. Je sentais que j'étais arrivé chez moi. L'un d'eux me fit signe de venir le suivre pour faire mes ablutions, il était presque l'heure de la prière. Je le suivis alors. Je fis mes ablutions en même temps que lui. Ensuite, nous sommes montés au deuxième étage pour aller au Zawiya. J'y retrouvais toutes les personnes qui étaient au salon, assises en rangées très bien ordonnées. Le grand maître s'était déjà installé aussi et il portait maintenant un joli grand boubou blanc, peut-être c'est ce qu'il avait mis dans le sachet noir. Il fit signe à quelqu'un de la foule de faire l'appel à la prière. Tout le monde se levait ensuite et il dirigea la prière.

Après la prière, ils formèrent un cercle, une personne étala une natte blanche et sur l'ordre du Maître, ils commencèrent à faire des évocations. Je ne connaissais pas du tout certaines paroles qu'ils prononçaient mais je les sentais me pénétrer. J'avais une sensation extraordinaire. C'était la première fois que j'assistais à une séance organisée par des jeunes dont le seul but était d'évoquer Dieu. Elle a duré environ quarante minutes et c'était exceptionnel. Maître ordonna à la personne qui avait étalé la natte de faire l'invocation finale. Lorsqu'il eut terminé, nous nous sommes salués entre nous. L'appel du muezzin retentit ensuite. Maître dirigea la prière encore. À la fin, il se tourna vers la foule, adressa quelques conseils et fit une invocation. Je voyais les gens contents, rayonnants de lumière. Une fois l'invocation terminée, il se leva pour venir saluer tout le monde. Nous nous sommes levés aussi pour le lui rendre. L'ambiance régnait et on sentait que c'étaient des personnes qui aimaient être ensemble. Certains demandaient de

CHAPITRE SIX

partir, d'autres restaient debout en train de discuter. Il s'approcha de moi et me souffla à l'oreille : « Allons-y maintenant, il nous reste du travail. »

Je hochai la tête en guise d'acquiescement. Nous avons fait un au revoir à ma nouvelle superbe famille et sommes sortis. Il me demanda de le suivre encore en voiture et d'après lui, nous devions aller à un lieu pas trop loin.

Je le suivis alors et nous sommes arrivés au jardin national moins de cinq minutes après. Il se gara et sortit de sa voiture, je fis de même. Il choisit un banc un peu au fond. « Nous allons prendre un peu d'air ici. Qu'en penses-tu ? » Dit-il en s'asseyant.

- Tant que je suis avec vous, je me sens bien, répondis-je.

- Alors comment as-tu trouvé la rencontre ?

- C'était vraiment exceptionnelle et très inspirante. Je me suis senti bien, surtout lorsque nous faisions l'évocation en groupe. Ce que je ressentais ce moment-là est indescriptible.

- Ah c'est bien. Si tu le souhaites, tu peux te rebrancher chaque jour avec ce sentiment en venant assister à ces rencontres. Elles se passent chaque jour après la prière du coucher.

- Je n'y manquerai pas, c'est promis.

- Considère ces personnes comme tes nouveaux amis, ce sont des personnes modèles. Dieu a dit dans le Saint Coran : « *Résigne-toi à la compagnie de ceux qui évoquent leur Seigneur au début du jour et à sa fin dans l'espoir de (voir un jour) Son Visage. Ne laisse pas tes yeux se détourner d'eux, voulant le luxe de ce bas-monde.* »[75] Le Prophète Mouhamed (*Paix et Salut sur Lui*) a dit : « *Dieu le Très-Haut a des Anges qui parcourent les routes à la recherche des cercles d'évocation de Dieu. Dès qu'ils trouvent des gens en train d'évoquer Dieu honoré et glorifié, ils s'appellent les uns les*

---

[75] Sourate 18, Verset 28

autres : « Venez à l'objet de vos recherches. » Ils étendent sur eux leurs ailes jusqu'au ciel inférieur. Leur Seigneur leur demande (et Il sait mieux qu'eux) : « Que disent Mes esclaves ». Ils disent : « Ils Te glorifient, Te purifient, proclament Ta grandeur, Ta louange et Ta gloire ». Il dit : « Est-ce qu'ils M'ont jamais vu ? » Ils disent : « Non, par Dieu. Ils ne T'ont jamais vu ». Il dit : « Que feraient-ils donc s'ils Me voyaient ? » Ils disent : « S'ils Te voyaient ils mettraient encore plus d'ardeur à T'adorer, à Te louer et à Te glorifier ». Il dit : « Que demandent-ils ? » Ils disent : « Ils Te demandent le Paradis ». Il dit : « Est-ce qu'ils l'ont jamais vu ? » Ils disent : « Non, par Dieu. Ils ne l'ont jamais vu. » Il dit : « Que serait-il s'ils l'avaient vu ? » Ils disent : « S'ils l'avaient vu, ils y tiendraient encore plus, le demanderaient avec plus de force et le désireraient avec plus d'ardeur ». Il dit : « Contre quoi demandent-ils Ma protection ? » Ils disent : « Contre l'Enfer ». Il dit : « L'ont-ils jamais vu ? » Ils disent : « Non, par Dieu. Ils ne l'ont jamais vu ». Il dit : « Que serait-ce donc s'ils l'avaient vu ? » Ils disent : « S'ils l'avaient vu ils le fuiraient encore plus et le craindraient davantage ». Il dit : « Je vous prends à témoin que Je les ai absous ». L'un des Anges dit : « Il y a parmi eux untel qui ne fait pas partie de leur cercle. Il y est seulement venu pour une affaire le concernant ». Il dit : « Ils représentent le cercle idéal et celui qui leur tient compagnie ne saurait être misérable. »

- Impressionnant ! D'après ça, je vois que l'évocation en groupe est importante.

- Oui ça l'est et je t'avais parlé la dernière fois de l'importance des relations. Au fait, rappelle-moi les acronymes que nous avons étudiés depuis le début.

- Avec grand plaisir Maître. Ces acronymes, je ne les ai pas seulement mémorisés mais je les vis chaque jour, chaque instant, ils sont devenus un style de vie pour moi. D'abord le premier c'est : **ISLAM** qui me rappelle toujours l'importance de

CHAPITRE SIX

l'*Investissement* : Investir son temps, son argent, son énergie, ses talents au service de ce qui est le plus important et au service de Dieu. Le *S* pour me rappeler l'importance du *Service*, être au service de Dieu, être au service de soi-même et être au service des autres. Le *L* pour me rappeler l'importance de ce qui est *Licite :* Ne manger, boire, faire, regarder que ce qui est licite. La lettre *A* du mot *ISLAM* me montre l'importance de l'*Apprentissage* : être un éternel étudiant et bien choisir mes sujets d'apprentissage pour éviter l'infobésité. Et la dernière lettre, *M*, pour me rappeler l'importance de la *Maîtrise*, d'avoir toujours une maîtrise parfaite de moi-même et de maîtriser tout ce qui peut nuire à mon honneur.

- Très bien résumé, je suis très content.

- Merci, c'est grâce à vous. Le deuxième acronyme est ***PROCEDE***, une méthode efficace pour me guider à exceller. La première lettre *P* me rappelle l'importance de la *Purification* : Purifier mon intérieur et mon extérieur et d'éviter de me salir physiquement, moralement et spirituellement. Le *R* me rappelle l'importance des bonnes *Relations*, d'entrer en relation qu'avec des personnes fréquentables et positives comme les jeunes que vous venez de me présenter. Le *O* me permet d'avoir une *Orientation* claire de ma vie et de toute action, un but à chaque chose, et d'orienter mon cœur vers Dieu exclusivement. Le *C* m'aide à avoir une *Concentration* dans tout ce que je fais et d'éviter de me disperser. Le premier *E* rappelle l'importance de l'*Endurance*, qui est une vertu nécessaire pour celui qui veut réussir dans cette vie et dans l'autre. Ensuite vient la lettre *D* qui parle de la *Discipline* et comment être discipliné nous aide dans la vie de tous les jours. Et la dernière lettre c'est *E* pour me rappeler l'*Éthique* dans toute chose.

- Très bien résumé encore, et le suivant ?

- Le troisième acronyme qui peut nous permettre d'espérer avoir une vie paisible dans la tombe c'est *SIMPLE*. Le *S* qui signifie

Silence me rappelle l'importance de garder le silence autant que possible et de parler qu'en cas de nécessité absolue. Vient ensuite la lettre ***I*** qui signifie ***Invocation*** pour me rappeler l'importance de me souvenir de Dieu en permanence comme l'invocation représente l'arme du musulman. La lettre ***M*** qui signifie ***Méditation*** m'indique de prendre chaque jour quelques minutes pour méditer sur ma vie, mes actions et sur la religion. La lettre ***P*** pour ***Présent*** me rappelle l'importance du moment Présent et de ne vivre que dans le présent car c'est le seul instant qui soit vraiment réel. Ensuite la lettre ***L*** qui signifie ***Leadership*** pour me rappeler d'utiliser le leadership dans toutes les sphères de ma vie car le leadership est un état d'esprit et un style de vie. Et la dernière lettre, la lettre ***E*** qui représente ***Extra*** me rappelle d'être extra dans tout ce que je fais et d'aller au-delà des obligations et de donner toujours le meilleur de moi-même. Voilà, je pense avoir fait le tour.

Il était là en train de m'écouter religieusement, comme si rien d'autre n'existait à part ce que je disais.

- Bravo fiston ! Je suis vraiment fier de toi, tu me surprends chaque jour plus. Le Abdou que j'ai rencontré ce petit matin-là il y a quelques semaines seulement et cet Abdou qui est devant moi sont totalement opposés. Ton père serait très fier de toi s'il était là, tu es devenu la personne qu'il espérait que tu sois.

- Tout cela grâce à vous, sans vous ma vie n'aurait pas de sens. Je vous en suis très reconnaissant. Quel acronyme vous avez préparé pour moi aujourd'hui ?

- Désolé de te décevoir mais je n'en ai pas pour ce soir.

- Même sans acronyme, chaque mot que vous prononcez est une sagesse.

Il sourit en disant : *« flatteur ! »*

CHAPITRE SIX

- C'est la vérité. J'ai déjà appris avec vous beaucoup de choses aujourd'hui depuis le restaurant jusqu'à la rencontre avec ces jeunes. Comme nous venons tout juste de prier deux fois ensemble, pouvez-vous me dire encore quelque chose sur la prière ? Lui demandai-je. C'était un très grand honneur de prier derrière vous, c'est une vraie chance.

- Espérons-le. Pour ta question, sache que la prière est la première chose que Dieu vérifiera le jour du Jugement Dernier. La prière c'est l'épine dorsale de la religion. C'est la prière qui fait que Dieu soit satisfait de toi. C'est la prière qui fait que les Anges t'aiment. Si tu veux avoir une foi véritable, attache-toi à la prière. La prière te permet de triompher de tes ennemis. La prière éclaire ta tombe et c'est elle qui éclairera ton chemin dans la vie d'après. La clé du Paradis c'est la prière. Elle est très importante, ne la néglige jamais ; même lorsque tu es malade tu as l'obligation de prier. Et elle ne gâche rien sur tes affaires. Vois-tu comment Dieu a étalé la prière durant toute la journée, pour te permettre de te souvenir de Lui et de t'acquitter de tes affaires. La prière ne devrait pas être considérée comme un fardeau mais plutôt comme une activité de soulagement. Respecte la prière et considère chaque prière comme ta prière d'adieu. Et selon une étude faite par la faculté biomédicale de l'université de Malaya, la prière islamique est un bon exercice pour le cœur et la colonne vertébrale, et augmenterait les capacités de mémoire et de concentration. En se prosternant, sept parties du corps touchent le sol, dont notre front et cette partie est hyper bénéfique. Il y a une réduction avérée des maux de tête, des spasmes, des douleurs du fait que les charges électrostatiques sont dissipées. Tout au long de la journée, les êtres humains sont exposés aux charges électrostatiques de l'atmosphère, et tout cela se centralise au niveau du système nerveux central. Ces charges électrostatiques doivent être évacuées car elles pourraient entraîner des maux de tête, des douleurs au cou, des spasmes musculaires etc.

\- Intéressant, merci beaucoup pour ces éclaircissements. La prière est doublement bénéfique donc. J'ai une autre question.

\- Vas-y, tu peux poser autant de questions que tu veux. Ce soir, c'est libre antenne, dit-il en souriant.

\- Quels sont les bienfaits de la prière sur le Prophète Mouhamed (*Paix et Salut sur Lui*) ?

\- Très belle question. Le Prophète Mouhamed (*Paix et Salut sur Lui*) est le Sceau des Prophètes, il reste et demeure la meilleure des créatures avec des qualités morales sur-exceptionnelles. La prière sur Lui (*Paix et Salut sur Lui*) est avant tout une recommandation de Dieu. Dieu dit dans le Saint Coran : « *Certes, Allah et Ses Anges prient sur le Prophète ; ô vous qui croyez, priez sur lui et adressez [lui] vos salutations.* »[76] Donc prier sur le Prophète (*Paix et Salut sur Lui*) c'est respecter la recommandation divine. Et observe bien, la prière sur le Prophète (*Paix et Salut sur Lui*) est le seul acte d'adoration que Dieu fait avec ses Anges avant de nous le recommander comme en témoigne le verset que je viens de te citer. Le Prophète (*Paix et Salut sur Lui*) a dit : « *Le pire des avares est celui qui n'invoque pas la grâce sur moi lorsque je suis mentionné en sa présence.* » Toute assemblée dans laquelle aucune prière sur le Prophète (*Paix et Salut sur Lui*) n'a été effectuée sera considérée comme une perte. La prière sur le Prophète (*Paix et Salut sur Lui*) efface les péchés et préserve contre la dureté du cœur (ou de l'abandon du Seigneur). Elle représente une aide véritable pour celui qui se trouve dans des difficultés. Le Prophète Mouhamed (*Paix et Salut sur Lui*) a dit : « *Celui qui éprouve des difficultés à accomplir ce qui lui est nécessaire, qu'il invoque abondamment la grâce divine en ma faveur. En effet cette invocation élimine les soucis, les embarras et les afflictions et elle accroît les subsistances et satisfait les besoins.* » La voie qui mène alors vers le bonheur, la confiance en soi et le Paradis se trouvent dans la

---

[76] Sourate 33, Verset 56

CHAPITRE SIX

prière et salut sur le Prophète (*Paix et Salut sur Lui*). Attache-toi à elle et tu seras sauvé. Tous les bienfaits de la prière sur le Prophète (*Paix et Salut sur Lui*) sont inconnus. Elle permet à la personne qui s'y attache à obtenir en retour l'amour du Prophète (*Paix et Salut sur Lui*) de la même manière qu'elle permet d'entretenir l'amour du Prophète (*Paix et Salut sur Lui*). Le Prophète (*Paix et Salut sur Lui*) a aussi affirmé ceci : « *Celui qui prie sur moi une fois, Allah priera sur lui dix fois, celui qui prie sur moi dix fois, Allah priera sur lui cent fois, celui qui prie sur moi cent fois, Allah priera sur lui mille fois, et celui qui prie sur moi mille fois, Allah interdit à l'enfer de toucher son corps et le fait accéder au paradis ; et sa prière sur moi constituera une lumière pour lui, le jour du jugement dernier sur le Sirate (pont enjambant l'enfer et qui mène au paradis).* » Il (*Paix et Salut sur Lui*) a dit aussi que chaque personne qui prie sur Lui dans un écrit, les Anges ne cesseront de prier sur lui tant que son nom est dans cet écrit.

- Tout cela est vraiment magnifique.

- Attache-toi à la Prière sur le Prophète (*Paix et Salut sur Lui*). Occupe ton esprit par la prière sur le Prophète (*Paix et Salut sur Lui*).

- Je le ferai très cher Maître, merci beaucoup pour toutes ces informations.

- C'est un réel plaisir pour moi. Il fait déjà tard, je vais te donner quelques derniers conseils pour ce soir.

✓ Ne tombe jamais dans l'admiration de soi aussi courageux que tu seras dans le respect des obligations de Dieu. Le Prophète Mouhamed (*Paix et Salut sur Lui*) a dit : « *L'admiration de soi consume les bonnes œuvres comme le feu consume le bois.* » Que ton rang, aussi élevé soit-il, ne te pousse jamais à te croire supérieur aux autres. Même si tu diriges une équipe, tu n'es pas meilleur qu'eux, ne l'oublie jamais. Pardonne aux autres et ne garde pas, ne serait-ce qu'une graine de rancune ou de haine

dans ton cœur. Cesse de critiquer les créatures de Dieu, peu importe ce qu'ils font.
- ✓ Ne trahis jamais ta conscience. Ta conscience c'est cette voix intérieure silencieuse qui parle avec toi pour t'éviter de faire ce qui est répréhensible. Si tu apprends à l'écouter, elle te guidera toujours ; mais si tu te passes d'elle, tu finiras par ne plus l'entendre bien vrai qu'elle ne s'arrête jamais de parler. Et arrivé à ce stade, le retour sera difficile, voire impossible. C'est ce que les scientifiques appellent le point de non-retour.
- ✓ Abdou, mon fils ! L'être humain aime commencer, mais il y a quelque chose de meilleur que de commencer, *la constance*. Le Prophète Mouhamed (*Paix et Salut sur Lui*) a dit : « *L'œuvre la plus aimée par Allah est celle qui est la plus durable, si peu soit-elle.* » Sois constant dans ce qui est bien, dans le droit chemin.
- ✓ Vis toujours entre la crainte et l'espérance. La crainte de Dieu est la clé de la richesse, de connaissance et du Paradis. Le Saint Coran nous dit ceci : « *[...] Et quiconque craint Allah, Il lui donnera une issue favorable, et lui accordera Ses dons par (des moyens) sur lesquels il ne comptait pas. Et quiconque place sa confiance en Allah, Il lui suffit. Allah Atteint ce qu'Il Se propose, et Allah a assigné une mesure à chaque chose.* »[77] Il dit aussi : « *[...] Quiconque craint Allah cependant, Il lui facilite les choses. Tel est le commandement d'Allah qu'Il a fait descendre vers vous. Quiconque craint Allah cependant, il lui efface ses fautes et lui accorde une grosse récompense.* »[78] Un homme de science a dit un jour : « *La lumière du jour n'est d'aucun profit pour l'aveugle ; de même, la* **lumière de la science ne profite qu'à celui qui craint Dieu**. *Le médicament n'est d'aucun avantage aux morts : de même, le respect des convenances ne saurait profiter aux prétentieux. De même que*

---

[77] Sourate 65, Versets 2 et 3
[78] Sourate 65, Versets 4 et 5

CHAPITRE SIX

la pluie ne fait rien pousser sur les rochers, de même, la sagesse ne peut naître dans le cœur de celui qui est attaché à ce monde. »

- ✓ Fais de la gratitude une amie intime. Rends grâce à Dieu pour chaque chose qui t'arrive et pour tous les bienfaits qu'Il ne cesse de te donner. Et sache que le seul fait de rendre grâce pour les bienfaits de Dieu est déjà un bienfait. Tu vois donc qu'il est impossible de Lui rendre grâce comme il se doit. Adopte alors la *grati-attitude*, l'attitude de la gratitude.
- ✓ Rappelle-toi toujours ces sept conseils de **Mawlana Djalal Addine Rûmî** (*qu'Allah l'agrée*) :

    1. Sois comme l'eau pour la générosité et l'assistance.

    2. Sois comme le soleil pour l'affection et la miséricorde.

    3. Sois comme la nuit pour la couverture des défauts d'autrui.

    4. Sois comme la mort pour la colère et la nervosité.

    5. Sois comme la terre pour la modestie et l'humilité.

    6. Sois comme la mer pour la tolérance.

    7. Ou bien parais tel que tu es ou bien sois tel que tu parais.

- ✓ À partir d'aujourd'hui, engage-toi à apprendre le maximum de versets du Saint Coran. Rien n'est comme le Saint Coran. Il est la source de la sagesse, le bouclier contre la destruction, il est le solide câble de Dieu. Ses rayons illuminent ceux qui reçoivent sa lumière, les purifient, font croître leur spiritualité et les protègent contre le mal. La lecture du Saint Coran agit sur ton cœur même si tu ne comprends pas bien le sens ; à la manière d'un remède dont le malade ignore la nature, mais ayant, toutefois, une action plus efficace lorsqu'on arrive à percer son sens. Au fait combien de temps dure ton trajet pour aller au boulot chaque jour ?

    - Environ quarante-cinq minutes.

- Et qu'est-ce que tu fais durant ces quarante-cinq minutes ?

- J'écoute souvent les informations pour savoir ce qui se passe dans le pays et dans le monde.

- Au contraire pour pourrir ta journée dès le matin. Les informations qu'on te donne chaque matin sont remplies de négativité et du coup te rendent négatif et improductif. Oublie les informations et écoute le Saint Coran durant ton trajet. Tu peux écouter en boucle une Sourate que tu veux mémoriser, et tu te rendras compte qu'en un mois tu auras beaucoup progressé. Et en une année tu auras maîtrisé plusieurs Sourates. C'est ça qui est important et c'est cela la connaissance utile. Ou bien à l'aller tu écoutes le Saint Coran, au retour tu écoutes un livre intéressant sous forme d'audio, donc il n'y a plus d'excuses pour apprendre. Tu as une heure trente minutes de libre par jour pour ton trajet seulement, cela fait environ sept heures trente minutes par semaine et trois cent quatre-vingt-dix heures l'année. Utilise bien ces trois cent quatre-vingt-dix heures fiston.

Il avait raison, les informations sont remplies de faits divers, de morts, de politiques et de négativités qui nous mettent en colère à chaque fois et nous rendent malheureux dès le matin. Et du coup nous passons la journée à nous lamenter.

- Je trouve cette méthode très efficace, je vais l'appliquer. Je ne sais pas comment je serais sans vous ?

- Le dernier conseil de ce soir est : apprends à lire l'arabe. C'est tellement facile de nos jours d'apprendre une nouvelle langue, il faut seulement de la volonté et de l'implication. Tu en auras certainement besoin si tu veux aller loin, si tu veux devenir extra dans ta religion. La transcription des mots ne donne pas la bonne phonétique alors que cette dernière est très importante dans l'invocation.

- D'accord Maître, je vais le faire s'il plaît à Dieu.

CHAPITRE SIX

- Bon, je pense que j'ai dit tout ce que j'avais prévu pour ce soir. Finalement, il n'y a pas eu d'acronyme mais nous avons évoqué beaucoup de sujets.

- Parfaitement, c'était une soirée très riche. J'aurais voulu en avoir chaque soir, dans ce jardin spécial.

- Il fait bon dans ce jardin et le ciel est bien étoilé aussi, dit-il en pointant le doigt vers le ciel.

- Oui effectivement.

- Profitons encore cinq minutes en silence de cette belle soirée avant de rentrer, il fait tard maintenant.

Nous sommes restés silencieux sur ce banc, contemplant le ciel et respirant l'air pur qui se dégageait du jardin. C'était magnifique. J'étais perdu dans mes pensées, à réfléchir aux changements qu'il y a eu dans ma vie et les paroles de sagesse que ce maître extraordinaire ne cessait de me donner. Je sentis un instant une main sur mon épaule pour me ramener à la réalité, c'était celle de Maître : « Il est l'heure d'y aller mon fils, au lieu de cinq nous avons fait quinze minutes. »

- On dirait que le temps change de base des fois, lui dis-je en souriant.

Nous nous sommes levés, je l'accompagnais à sa voiture pour lui tenir compagnie et connaître la date de la prochaine rencontre. Il rentra dans sa voiture, ferma la porte et baissa la vitre pour me dire : « Rendez-vous demain à midi, à la tombe de ma mère. »

- Bien noté, répondis-je avec excitation à l'idée de le revoir le lendemain.

Je ne me lasserais jamais de sa compagnie. Il ouvrit encore la porte de la voiture, descendit et ouvrit ses bras : « viens là fiston ! » Je m'approchai de lui. Il m'étreignit très fort, avec amour et tendresse, environ une minute. Je sentais mon corps vibrer de gratitude. Il me laissa ensuite en disant : « Je suis très fier de toi fiston et je t'aime beaucoup. » Il se retourna, rentra dans la voiture et partit. Je restais là, scotché comme un arbre, vibrant de tout mon être de reconnaissance envers Dieu et aussi envers cette personne extraordinaire. Je suis rentré par la suite à la maison et sans même me changer, suis allé directement me coucher. J'étais pressé de le revoir et je voulais dormir très rapidement pour que le temps s'accélère.

CHAPITRE SIX

Le lendemain matin j'étais tout excité au réveil. Vers midi, je pris ma voiture pour me diriger au cimetière. À mon arrivée, je remarquais sa belle voiture garée à l'entrée, la voiture de mes rêves. Je m'étais dit alors qu'il était à l'intérieur à m'attendre ; je m'empressai à rentrer. J'allais directement au tombeau de sa maman mais il n'y était pas. Je tournais tout autour pour voir s'il n'était pas aux alentours mais je ne voyais même pas son ombre. « Il ne doit pas être loin comme sa voiture est là. » M'étais-je dit intérieurement. Je décidai alors de prier pour sa mère, le temps qu'il arrive. Je m'assis donc devant le tombeau et aperçus une enveloppe sur laquelle était écrit en très grand caractère : **POUR TOI MON CHER ABDOU !**

Je pris aussitôt l'enveloppe et l'ouvris aussi vite que possible. Je vis à l'intérieur des clés de voiture et une feuille très bien pliée. Je la dépliais alors et pouvais lire ceci :

« *Mon cher Abdou, Mon cher Disciple, Mon cher Fils*

Je suis désolé d'avoir à le faire de cette manière mais je crois que c'est la plus facile et la meilleure qui soit. C'est toujours difficile de devoir se séparer d'une personne, surtout si c'est quelqu'un qu'on aime. Hier, c'était notre dernière rencontre mais sache que je t'aime beaucoup et que je suis très fier des progrès que tu as faits depuis notre première rencontre. Ton père serait très fier de toi. Tu as été un élève modèle et tu as largement dépassé toutes mes espérances. Tu es bien outillé maintenant pour exceller et je suis sûr que tu seras un très grand homme et un véritable AC. Tu as un nouveau maître maintenant, je lui ai déjà parlé de toi. Tu le trouveras demain soir à la maison où nous étions allés hier. C'est une personne exceptionnelle et je sais que vous allez bien vous entendre. Je dois partir pour une autre mission mais sache que je serai toujours présent à tes côtés.

Les clés dans l'enveloppe sont celles de ma voiture, elle est devenue la tienne maintenant. Tu peux à présent conduire la voiture de tes rêves (rires). Ne m'oublie pas dans tes prières, je ne t'oublierai pas certainement dans les miennes.

*Tu trouveras dans le coffre un cadeau pour toi, c'est le résumé de tout ce que nous avons appris ensemble et aussi un parchemin très vieux qui était un héritage de mon père. J'ai lu ce parchemin à plusieurs reprises, ses paroles se sont maintenant ancrées dans ma tête, et je me les répète chaque jour, je te le donne avec un grand cœur, tu as été un élève modèle, un élève vraiment extraordinaire. N'oublie jamais : **ISLAM, PROCEDE, SIMPLE**.*

Que Dieu t'accorde les clefs de la sagesse, guide tes pas et fasse de ta vie le chemin vers le Paradis. »

Ton Maître qui t'aime en ALLAH

*PS : « N'oublie pas **de passer le relais** ! »*

Des larmes coulèrent dès la fin de la lettre. Je ne savais pas si c'était des larmes de joie car je venais d'avoir ma voiture de rêve ou des larmes de tristesse parce que je venais de me séparer de la personne qui a le plus marqué ma vie et qui l'a changée à jamais. Je crois bien que c'était des larmes de tristesse. J'étais tellement reconnaissant envers ce maître qui m'a permis de raviver ma flamme. Je me suis rappelé alors cette pensée d'Albert Schweitzer qui disait : « *Parfois, notre lumière s'éteint, puis elle est rallumée par un autre être humain. Chacun de nous doit de sincères remerciements à ceux qui ont ravivé leur flamme.* » Je lui dois de sincères remerciements.

Je restais assis devant la tombe, plus d'une heure à réfléchir et à revoir ma vie passée avec ce vieux, depuis notre rencontre ce petit matin-là jusqu'à la soirée de la veille. C'était extraordinaire. Je finis par regrouper toutes mes forces pour me lever. Je me dirigeais vers la voiture et l'ouvris. Dans le coffre je découvris une plaque avec des écritures en lettres dorées, je pouvais lire ceci :

CHAPITRE SIX

Un Bédouin vint voir le Prophète Mouhamed (Paix et Salut sur Lui), et lui dit : « Ô Messager d'Allah ! Je suis venu vous questionner sur ce qui m'enrichira dans ce bas monde et dans l'au-delà. Le Messager d'Allah (Paix et Salut sur Lui) lui dit : « demande ce que tu désires. »

Il dit : Je veux être le plus savant des hommes.

Il dit (Paix et Salut sur Lui) : Crains Allah et tu seras le plus savant des hommes.

Il dit : Je veux être le plus riche des hommes.

Il dit (Paix et Salut sur Lui) : Sois satisfait de ce que tu as et tu seras le plus riche des hommes.

Il dit : Je veux être le plus juste des hommes.

Il dit (Paix et Salut sur Lui) : Désire pour les autres ce que tu désires pour toi-même et tu seras le plus juste des hommes.

Il dit : Je veux être le meilleur des hommes.

Il dit (Paix et Salut sur Lui) : Sois profitable aux autres et tu seras le meilleur des hommes.

Il dit : Je veux être le plus proche d'Allah parmi les hommes.

Il dit (Paix et Salut sur Lui) : Multiplie le rappel d'Allah et tu seras le plus proche d'Allah parmi les hommes.

Il dit : Je veux que soit parachevée ma foi.

Il dit (Paix et Salut sur Lui) : Améliore ton comportement et ta foi se parachèvera.

Il dit : Je veux être parmi les bienfaiteurs.

Il dit (Paix et Salut sur Lui) : Adore Allah comme si tu le voyais car si tu ne le vois pas Lui te voit et tu seras parmi les bienfaiteurs.

Il dit : Je veux être parmi les obéissants.

Il dit (Paix et Salut sur Lui) : Accomplis les obligations divines tu seras parmi les obéissants.

Il dit : Je veux rencontrer Allah purifié de mes péchés.

ALCHIMISTE DES COEURS

Il dit (Paix et Salut sur Lui) : Purifie-toi de la grande souillure et tu rencontreras Allah et seras purifié de tes péchés.

Il dit : Je veux être ressuscité le jour dernier dans la lumière.

Il dit (Paix et Salut sur Lui) : Ne sois injuste avec personne et tu seras ressuscité le jour dernier dans la lumière.

Il dit : J'aimerais que mon Seigneur me fasse miséricorde le jour dernier.

Il dit (Paix et Salut sur Lui) : Sois miséricordieux avec toi-même et avec ses serviteurs, ton Seigneur te fera miséricorde.

Il dit : J'aimerais que mes péchés se raréfient.

Il dit (Paix et Salut sur Lui) : Multiplie tes demandes de pardon et tes péchés se raréfieront.

Il dit : J'aimerais être le plus généreux des hommes.

Il dit (Paix et Salut sur Lui) : Ne te plains pas de tes affaires auprès des créatures et tu seras le plus généreux des hommes.

Il dit : J'aimerais être le plus fort des hommes.

Il dit (Paix et Salut sur Lui) : Aie confiance en Allah et tu seras le plus fort des hommes.

Il dit : J'aimerais qu'Allah élargisse mes ressources.

Il dit (Paix et Salut sur Lui) : Sois toujours en état de pureté et Allah élargira tes ressources.

Il dit : J'aimerais être parmi les biens Aimés d'Allah et de son Messager.

Il dit (Paix et Salut sur Lui) : Aime ce qu'Allah et son Messager aiment et tu seras parmi leurs biens aimés.

Il dit : J'aimerais être préservé de la colère d'Allah et de Son Messager le jour dernier.

Il dit (Paix et Salut sur Lui) : Que nulle créature d'Allah ne subisse ta colère et tu seras préservé de la colère d'Allah le jour dernier.

CHAPITRE SIX

Il dit : J'aimerais que mes invocations soient exaucées.

Il dit (Paix et Salut sur Lui) : Éloigne-toi de la nourriture illicite et tes invocations seront exaucées.

Il dit : J'aimerais que mon Seigneur cache mes péchés le jour dernier.

Il dit (Paix et Salut sur Lui) : Cache les défauts de tes frères et Allah cachera tes défauts le jour dernier.

Il dit : Qu'est-ce qui me sauvera des péchés (des fautes) ?

Il dit (Paix et Salut sur Lui) : Les larmes, la soumission, et les maladies.

Il dit : Quelle est la plus belle action auprès d'Allah ?

Il dit (Paix et Salut sur Lui) : Le bon comportement, la modestie et la patience face à l'épreuve.

Il dit : Quel péché est le plus grand auprès d'Allah ?

Il dit (Paix et Salut sur Lui) : Le mauvais comportement, et l'avarice.

Il dit : Qu'est-ce qui amenuise la colère d'Allah dans ce bas monde et dans l'au-delà ?

Il dit (Paix et Salut sur Lui) : L'aumône discrète et le lien de parenté.

Il dit : Qu'est-ce qui éteint le feu de l'enfer le jour dernier ?

Il dit (Paix et Salut sur Lui) : La patience dans le bas monde face aux épreuves et aux malheurs.

« C'est un très beau résumé de tout que j'ai appris. » Me suis-je dit intérieurement. Je pris ensuite le vieux parchemin et voici ce qu'il contenait :

« Al Houssayn Ibn Ali (*qu'Allah les agrée*) dit : j'ai demandé à mon père de me parler du comportement du Prophète Mouhamed (*Paix et Salut sur Lui*). Il me répondit : « *Le Prophète (Paix et Salut sur Lui) était toujours souriant, affable et doux. Il n'était pas rude, ni crieur, ni avare, ni envieux. Il ne dénigrait pas les autres et ne décevait personne. Il n'était pas orgueilleux, ni excessif, ni curieux. Il ne blâmait pas les gens, ni les insultait, ni ne voulait connaître leurs intimités. Il ne parlait que de ce qui était pour le bien de tous. Les gens l'écoutaient avec une grande attention, et ils ne prenaient la parole que quand il finissait son discours : ils l'écoutaient jusqu'au bout. Il ne se disputait pas pour prendre la parole et ne parlait que du sujet qu'il traitait.*

Il riait de ce qui le faisait rire et s'étonnait de ce qui l'étonnait. Il était patient avec ceux qui étaient simples d'esprit et les suivaient dans leur raisonnement. Même ceux qui étaient ingrats envers lui profitaient de sa patience. Il nous disait que si quelqu'un nous demande quelque chose, il faut lui répondre.

Il n'acceptait l'éloge que de celui qui était juste envers lui dans ses paroles. Aussi, il n'interrompait la parole de l'autre, sauf si celui-ci parlait beaucoup, alors il l'ordonnait d'arrêter ou il quittait le lieu. » »

« Quelles belles paroles », me suis-je dit. Je suis rentré ensuite à la maison avec ma nouvelle voiture, je demandai à un ami d'aller chercher la mienne. Je passais le reste de la journée très triste. Je repensais en boucle à tous les évènements passés avec ce vieux. Il m'arrivait de rire de moi-même, surtout lorsque je me rappelais notre première rencontre ce petit matin-là.

Le lendemain soir je partis à la maison blanche dans l'espoir d'avoir une idée sur la destination du grand maître pour espérer pouvoir le revoir un jour. Arrivé là-bas, je trouvai quelques personnes dans le salon, ils étaient tous tristes, sûrement du départ du maître, me suis-je dit. Je fus bien accueilli et mon nouveau maître se présenta à moi, je le trouvais très aimable. J'échangeai quelques paroles avec tout le monde avant de leur poser la question qui me trottait dans l'esprit : « *Vers quelle ville est parti le grand maître Cheikh ?* »

CHAPITRE SIX

Un silence mortel s'installa à cet instant. Je sentais que quelque chose d'anormal se passait. Ils se regardèrent entre eux et mon nouveau maître finit par sortir timidement ces paroles : « *Le grand maître est mort hier à quatorze heures, il a été enterré à dix-sept heures.* »

Je ne pouvais croire ce que j'entendais : « Non ! Il ne peut pas être mort, il m'a dit hier qu'il devait partir pour une autre mission. »

- C'est difficile Abdou mais c'est la réalité, c'était sa façon de te dire au revoir. Il savait qu'il ne lui restait pas beaucoup de temps, il était condamné par un cancer qui a fini par avoir raison de lui.

Je m'affalai sur le fauteuil, réalisant que l'inévitable était arrivé. Je me suis dit intérieurement : « *Il a tenu à me transférer sa sagesse avant de partir.* » Je me rappelais qu'il m'avait bien précisé lors de notre rencontre ce petit matin-là que le temps nous était vraiment compté, je venais de comprendre le pourquoi.

Nous avons ensuite fait ensemble une prière pour lui. Je demandai de partir. Je suis allé au jardin et pris place au banc où nous étions assis ensemble il y a deux jours. Je repensais à notre dernière soirée et tout ce qui s'était passé depuis notre première rencontre. Et en réfléchissant sur la manière dont s'était déroulée la dernière soirée, j'en déduisais qu'il m'avait pourtant prévenu de son départ, indirectement. Une pensée me traversa l'esprit : « *la vie n'est rien.* » Je levai mes yeux vers le ciel pour regarder les étoiles, ma main droite collée sur ma poitrine. « *Peut-être, depuis le ciel, il me voit faire* », me suis-je dit silencieusement. Tout à coup, je sentis ma main se mouiller, je regardai et c'était des larmes. Et, soudain, j'éclatai en sanglots...

Félicitation ! Vous venez de terminer votre voyage à travers ce livre. Si vous avez été inspiré par la philosophie qui y est développée, vous pouvez aider d'autres personnes en partageant vos pensées à son sujet sur les réseaux sociaux ou bien même offrir le livre à quelqu'un.

Merci de nous faire part à l'adresse suivante de vos remarques, critiques et suggestions et la chose la plus importante que vous avez apprise de ce livre : alchimistedescoeurs@gmail.com

Nous serons très honoré de vous lire et de répondre à vos éventuelles questions.

Impression : Createspace

Dépôt légal : MARS 2018

Imprimé aux ETATS-UNIS

www.ingramcontent.com/pod-product-compliance
Lightning Source LLC
Chambersburg PA
CBHW071706090426
42738CB00009B/1682